Daniel Hoch

AUFSCHIEBERITIS

© 2014 Daniel Hoch

Umschlaggestaltung:	Jürgen Schulz
Lektorat, Korrektorat:	Julia Höffner
Illustration:	Ulrich Forchner

Verlag: tredition GmbH, Hamburg

ISBN Paperback:	978-3-8495-8965-3
ISBN Hardcover:	978-3-8495-8966-0
ISBN e-Book:	978-3-8495-8967-7

Bibliografische Information der Deutschen Nationalbibliothek:
Die Deutsche Nationalbibliothek verzeichnet diese Publikation in der Deutschen Nationalbibliografie; detaillierte bibliografische Daten sind im Internet über http://dnb.d-nb.de abrufbar.

INHALT

DANKSAGUNG 1

VORWORT 3

1 EINLEITUNG 5

2 WARUM DIE DINGE SIND, WIE SIE SIND 17

2.1 Warum sich Gewohnheiten und Veränderungen nicht vertragen 19

2.2 Geht nicht, weil 's eh nix wird 27

2.3 Die lange Liste der Symptome 31

2.4 Die Folgen der Aufschieberitis und ihre Auswirkungen 34

2.5 In letzter Konsequenz: existenzbedrohende Ausmaße 48

3 DER URSPRUNG ALLEN ÜBELS 53

3.1 Tabula Rasa – der Beginn unseres Seins 53

3.2 Wenn es doch nur immer so einfach wär' 57

3.3 Der Mensch, ein Produkt seiner Umwelt 60

3.3.1 Warum auch der größte Einzelgänger die Gemeinschaft sucht 61

3.3.2 Und die Moral von der Geschicht' ... – wie sich moralische
Vorstellungen entwickeln und was sie bewirken 69

3.3.3 Glaubenssätze – Vorurteil oder Wegweiser 72

3.3.4 Werte – was ist Ihnen wichtig? 79

3.3.5 Motive – Muster unserer Denkweise 84

3.3.6 Wie alles zusammenhängt: unsere Einstellung 87

3.4 Denken ist das eine, Gefühle sind das andere **94**

   3.4.1 Gefühle 95

   3.4.2 Heißt es also „Ich fühle, also bin ich"? 98

3.5 Die Macht der Gedanken **102**

   3.5.1 Selbsterfüllende Prophezeiung....................................... 108

   3.5.2 Positives und negatives Denken 111

3.6 Schuld haben alle anderen..**114**

   3.6.1 Wenn Sie mal wieder einen Schuldigen suchen … 116

   3.6.2 … und wie Sie die passenden Ausreden dafür finden.......... 117

   3.6.3 Schuld oder nicht schuld sein, das ist hier die Frage 120

   3.6.4 Der Mythos Schweinehund 125

3.7 Motivation, der Schlüssel zum Erfolg **126**

   3.7.1 Erfolg oder „Ich kann, weil ich will, was ich muss" (Kant) 128

   3.7.2 Entscheidung oder Entschiedenheit 132

   3.7.3 Effekte – was hält uns vom Ruck ab? 133

4   ZIELE **137**

4.1 Zielsetzung: das SMARTE-Prinzip **140**

4.2 Wünsche von Sterbenden **148**

5   REZEPTE **152**

5.1 Eine Veränderung geht ihren Weg, machen Sie den Weg frei!..........**155**

5.2 Rezepte für Ihre Lebensbereiche......................................**157**

5.3 Die Ursachen und die passenden Lösungen........................**166**

6   MEINE GEHEIMTIPPS..**200**

7   FAZIT **211**

DANKSAGUNG

Ein Buch entsteht nicht einfach von allein oder eben mal so nebenbei. Mit dem Schreiben meines zweiten Werkes hatte auch ich meine liebe Herausforderung. Und diese beginnt nach Fertigstellung mit dem Anfang meines Buches – meiner Danksagung.

Neben unzähligen Interviews, Vorträgen und spannenden Gesprächen, aus denen der Stoff dieser 200 Seiten besteht, sind es vor allem die Menschen, denen ich begegnen durfte. Die Menschen und ihre Geschichten. Ich danke Ihnen und euch allen, die mir so ehrlich und offen all ihre Probleme, Vorurteile und Weisheiten erzählt und geschrieben haben.

Ganz vorn dabei sind meine Freunde, meine Familie und ich selbst. Ein solches Thema geht meines Erachtens nur über den eigenen Weg. Was soll ich Ihnen schreiben, wenn ich es selbst nicht durchlaufen habe. Es waren harte, lustige und erkenntnisreiche Jahre, die wir gemeinsam gemeistert haben, auch wenn sich manche Wege ganz bewusst getrennt haben.

Ich danke im Besonderen meiner lieben und knallharten Lektorin Julia Höffner, die nicht nur sachlich mein Buch unter ihre Augen genommen hat, sondern sehr schnell den Dreh mit meinen vielen Gedanken heraus bekommen und mich oft im Zaum gehalten hat. Ich bin Dir zutiefst dankbar.

VORWORT

Sportlicher Erfolg ist, wie jede andere Form von Erfolg, das Ergebnis harter Arbeit, es kostet wortwörtlich Schweiß und Mühen – und das jeden Tag. Seit 14 Jahren bin ich Torhüterin in der Handball-Bundesliga und langjähriges Mitglied der deutschen Nationalmannschaft. Unangenehme Situationen und ungeliebte Entscheidungen werden oft stunden-, tage- oder monatelang aufgeschoben. Im Sport können Sie keine Entscheidungen aufschieben, das kleinste Zögern kann dazu führen, dass der Sieg an Ihnen vorbeirauscht. Als Handballtorhüterin ein Gegentor zu kassieren, ist immer eine persönliche Niederlage, aber der nächste Ball kommt sicher und mit dem Ball eine neue Herausforderung. Eins habe ich in meiner langjährigen Karriere gelernt: Es bringt nichts, dem Vergangenen nachzuhängen, sondern nur, sich auf Zukünftiges zu konzentrieren. Wie im Leben begegnen einem auch im Sport Rückschläge wie Verletzungen, Leistungstiefs und Niederlagen. Schnell beginnt dann der Teufelskreis aus Aufschieben, Zögern und der Angst zu versagen. Und spätestens, wenn Sie sich in diesem Kreislauf befinden, ist es an der Zeit umzudenken.

Beim Lesen von „Aufschieberitis – die Volkskrankheit Nr. 1",
habe auch ich mich an vielen Stellen wiedererkannt. Das
Verpassen der Olympischen Spiele 2012 in London war einer der
herbsten Rückschläge in meiner bisherigen Laufbahn. Eine Phase
voller Zweifel und Gedanken, die mir jegliche Begeisterung und
Leidenschaft für meinen Sport raubte. Ich habe gelernt, dass
Rückschläge auf dem Weg zum Erfolg dazugehören, aber noch
viel wichtiger war die Erkenntnis: Ist ein Rückschlag einmal
überwunden, hat er dich stärker werden lassen.

Daniel Hoch gibt einen umfassenden Blick auf das Problem
Aufschieberitis, das in vielen Bereichen des Lebens auftritt. Auf
unterhaltsame Art und Weise gibt er Ihnen das notwendige
Hintergrundwissen und konkrete Tipps an die Hand. Ich kann
heute aus sportlicher wie auch privater Sicht Situationen klarer
analysieren und treffe Entscheidungen bewusster und damit
zielgerichteter. Die Botschaft des Buches ist klar: Gehen Sie ihr
Leben selbstbewusst und zielstrebig an, um Ihren persönlichen
Erfolg zu erreichen. Das Buch unterstützt Sie dabei, das Gelesene
direkt in die Praxis umzusetzen.

Nun also viel Spaß beim Lesen, Ihre Katja Schülke

1 Einleitung

Herzlichen Glückwunsch, dass Sie sich für die hier vorliegende Anleitung für strukturierteres, stressfreieres und erfolgreiches, kurzum ein besseres Leben entschieden haben. Hand auf's Herz, wie viele Bücher, Artikel etc. haben Sie schon gelesen oder nur gekauft, ohne dass sich etwas Grundlegendes geändert hat?

Ich habe es mir zu Beruf und Berufung gemacht, dem Phänomen Aufschieberitis, das auch Sie offensichtlich beschäftigt, auf den Grund zu gehen. Mein Ansatz ist, mich dem Thema als einem ernstzunehmenden Krankheitsbild zu nähern und anzunehmen, weil es ein zunehmendes und zugleich schwerwiegendes Problem ist. Sie denken, wenn Sie das Problem des Aufschiebens erkannt haben, ist schon viel erreicht? Erkenntnis ist der erste Weg zur Besserung? Völliger Quatsch! Wir alle haben Wünsche, Ziele und Vorstellungen unseres weiteren Lebens bzw. schwelgen in der Verbesserung unserer Vergangenheit – aber hätte, hätte, hätte …

Als Business-Coach, Personalberater und Moderator beschäftige ich mich täglich mit Fragen des Mitarbeitercoachings, der Personalführung und -entwicklung sowie des Zeitmanagements und berate dabei immer wieder Menschen, die wollen, dass bestimmte Dinge besser laufen, aber nicht wissen wie. Aus folgendem Grund bin ich nun auch unter die Autoren gegangen: Wenn Sie mal den Begriff Aufschieberitis in die Google-Suche eingeben, dann mit dem Ergebnis, dass in noch nicht einmal 0,1 Sekunden so viele Treffer kommen wie eine ausgewachsene Kleinstadt Einwohner hat. In dieser Flut an Informationen gehen viele Dinge unter. Selbst ein Fachmann kann da schon einmal den Überblick verlieren und wie soll es dann erst denen helfen, die sich vermeintlich nicht selbst helfen können? Entweder finden Sie Kurzanleitungen für ein besseres Leben, die Ihnen kurzfristigen Erfolg versprechen, aber nicht der Sache auf den Grund gehen.

Oder es wird in seitenlangen Abhandlungen die Aufschieberitis, dann auch gern die *Prokrastination*, verwissenschaftlicht. Dem werde ich Abhilfe schaffen und das kurz, präzise und v. a. wirkungsvoll. Natürlich gehe ich auch an der einen oder anderen Stelle mehr in die Tiefe – da, wo es nötig ist – und werfe einen Blick in Ihre Psyche. Viel wichtiger ist mir, Ihnen mit den Erkenntnissen zu helfen, die in der Praxis erprobt sind, ob nun von Psychologen und Beratern oder vielmehr den Menschen selbst, von mir und meinen Kunden.

Bevor es losgeht, würde ich Ihnen gern zwei Frage stellen: „Was erwarten Sie eigentlich? Worauf kommt es Ihnen und worauf kommt es mir an?". Regt der Klappentext und vielleicht auch mein Bild auf dem Buchdeckel erst einmal eine gewisse Sympathie, dann wissen Sie nach den ersten zehn Seiten Lektüre genau, worauf Sie sich einlassen. Nach weiteren 100 Seiten sind Sie sich sicher, was Sie zu leisten imstande sind und nach noch einmal 100 Seiten, wissen Sie, wie Sie es umsetzen und viel wichtiger noch, dass Sie es umsetzen.

Ratgeber tun stets so, als wäre Ihr Leben bisher in völlig schiefen Bahnen verlaufen. Nach dem Ausmaß Ihres augenscheinlich uneffektiven Zeitmanagements und Aufgaben-Handlings zu urteilen, müsste man Ihnen sofort ein chronisches Leiden an Unzufriedenheit und grenzenlosem Unglücklichsein diagnostizieren. So zumindest stellt sich die Misere dar, wenn Sie in großen wie kleinen Buchhandlungen oder Bibliotheken nur einen kurzen Blick in das Regal der Ratgeber und Besserwisser werfen.

Ich sage nicht, dass alles in Ihrem bisherigen Leben falsch gelaufen ist; ich sage, es kann besser laufen. Es geht nicht um die Vergangenheit, es geht vielmehr darum, welche Möglichkeiten Sie jetzt und in Zukunft nutzen. Ich ziele mit meinem Buch nicht auf eine komplette Veränderung Ihres bisherigen Lebens ab. Manchmal sind es große, manchmal sind es kleine Schritte, die zum Erfolg führen. Denn jeder Mensch ist ein komplexes und ambivalentes Produkt der Evolution. Er ist ein einzigartiges Individuum, setzt ganz individuell die eigenen Prioritäten und zieht spezifische Schlussfolgerungen. Aus diesem Grund ist niemandem geholfen, stets nur die Erfolgsgeschichten anderer zu lesen. Denn was nützt es uns zu wissen, dass andere das scheinbar Unerreichbare geschafft haben, während Sie selbst noch auf der Stelle treten. Um unsere eigenen Ziele sicher zu erreichen, sollten wir in unseren eigenen Dimensionen denken. Ich möchte Ihnen damit keine Grenzen aufzeigen, ganz im Gegenteil! Schauen Sie ganz bewusst nach links und rechts, nur bedenken Sie dabei eines:

Bleiben Sie objektiv und gehen Sie Ihren eigenen Weg. Abgucken ist erlaubt und sogar gewollt, schauen Sie, was andere tun und ziehen Sie daraus Lehren für sich selbst. Also abgucken, was das Zeug hält, nur machen Sie Ihr eigenes Ding daraus!

Dabei sollten Sie nicht versuchen, den Ansprüchen anderer gerecht zu werden, sondern Ihre ganz eigenen Maßstäbe anlegen. Es fängt schon damit an, dass für jedermann/-frau Glück etwas anderes bedeutet. Die Wichtigkeit von Gesundheit, Humor, sinnvoller Arbeit, Sport oder Sex wiegt bei jedem anders. Im Deutschen bezeichnen wir mit dem Begriff Glück so ziemlich alles, was mit glücklicher Fügung, Zufriedenheit, Glücksgefühlen und Heiterkeit zu tun hat. Was ist also Glück? Man wünscht es sich einfach, stellt im Nachhinein fest, dass man welches hatte oder blickt gemeinhin auf andere und meint, sie hätten es. Wie Sie sehen, können nur Sie festlegen, wie Ihr persönliches Glück aussieht und wann Ihr persönliches Ziel erreicht ist. Für den einen ist es die Erfüllung eines Lebenstraums oder ein Eigenheim zu bauen pures Glück, ein anderer wähnt sich am Ziel, wenn er sein Abitur nachgeholt hat.

Sie selbst wollen die Veränderung? Dann ist dieses Buch der erste Schritt. Denn es ist von Bedeutung, sich Ihrer nicht genutzten

Möglichkeiten bewusst oder bewusster zu werden, bevor Sie Ihr ganzes Leben umkrempeln wollen. Veränderungen passieren zuerst in ihrem Kopf. Erst danach vollziehen Sie den Wandel tatsächlich, wie groß er auch sein mag, und setzen Neues um.

Es bringt nichts, wenn ich Ihnen das Blaue vom Himmel erzähle und mit Ihnen Luftschlösser baue. Ich greife nicht auf reißerische Äußerungen zurück, um ein weiterer mehr oder minder großer Verkaufsschlager im Regal der Buchhandlung zu sein. Ich treffe sachbezogene und unmissverständliche Aussagen. Und ich erteile keine immerzu klugen Ratschläge, nach denen Sie die Veränderung wollen sollen. Ganz davon abgesehen, dass Phrasen und Floskeln abgedroschen sind und längst an Ausdrucksstärke verloren haben: Hintern hoch, Arsch bewegen oder den bösen inneren Schweinehund überwinden – und dann ist alles in Butter? Wir sollten aufpassen, dass wir nicht vielmehr auf solchen inhaltsleeren Worten ausrutschen, denn sie brechen uns sprichwörtlich das Genick. Wenn wir so etwas lesen, winken wir meist schon automatisch ab: Viel zu oft schon gehört. Zu wenig oder gar nichts hat sich verbessert. Das bringt doch alles nichts! Genau hier fängt es mit dem Abwehren und von sich weg Schieben an. Haben Sie zu Beginn der Lektüre noch gedacht, der Schreiberling liefert Ihnen die Mittel für Ihr persönliches

Anliegen, ist meist nach den ersten zehn Seiten bereits das Feuer aus und nach weiteren zehn hat sich wahrscheinlich die anfängliche Sympathie in eine Abwehrhaltung gewandelt. Alles, was Sie jetzt noch lesen, sparen Sie sich am besten, weil Sie sich unbewusst gegen die Veränderung wehren, zu der Sie sich selbst nicht durchringen, die aber nach Aussage aller anderen doch so einfach sei, wenn Sie sich nur einen Ruck gäben! Legen Sie all diese Bücher getrost zur Seite.

Sicherlich stellt sich Ihnen jetzt die Frage, worin sich mein Buch von den anderen unterscheidet und warum Sie ausgerechnet mein Buch nicht zum Rest der Ratgeber verbannen. Was bietet es Ihnen Anderes oder gar Neues? Mit ebendiesem Anspruch habe ich den Stift in die Hand genommen. Ich habe mich dafür selbst in der Ratgeber-Zunft umgesehen und gelesen.

Ratgeber fordern in aller Regel das Verlangen nach Neuerungen und Abkehr vom Alten ohne Rücksicht auf den eigentlichen Gesprächspartner, ihren Leser. Sie tun dies gepaart mit mehr oder minder wissenschaftlichen Erklärungen, wie Ihr Körper funktioniert und warum Sie so ticken, wie Sie es tun. Dabei schweifen Sie als Leser spätestens bei den Ausführungen zu den 50 oder auch 100 Milliarden Nervenzellen ab, die unser Gehirn hat, weil Sie sich fragen, was Ihnen diese Zahl sagen soll. Sie ahnen im besten Fall, dass es eine Menge sein muss. Genauso wie mit all den Zahlen verhält es sich mit den kleinen Einzelheiten.

Diese finden Sie in den ausführlichen Beschreibungen von Gehirn und Hormonsystem – mal mehr, mal weniger anschaulich ausgeführt. Diese Vorlaufseiten sind meist zu theoretisch, zu trocken und vor allem zu unanschaulich, um damit etwas konkret anzufangen. Darum werde ich Sie nicht in einen Irrgarten der Zahlen und unsäglichen Details entführen.

Spätestens an diesem Punkt fragen Sie sich, was Ihnen dieses Buch eigentlich mitteilen möchte, wenn es Ihnen zuerst einmal aufzählt, was es alles nicht behandeln und zur Sprache bringen wird. Viel wichtiger als die Frage nach dem, was nicht funktioniert, ist doch die danach, was wirkt und hilft. Ich habe es Ihnen und mir damit zunächst leicht gemacht: Meistens weiß man eher, was man nicht will, aber nicht, was man will. Und das aus einem einfachen Grund: Wir wissen nicht, mit dem Wollen umzugehen. Die Folge: Aus einem schlichten Wollen wird ein Sollen und schon kreisen die Gedanken ausschließlich darum. Dieses Sollen wird zu einem Müssen. Nun baut sich Druck auf und es entsteht eine Erwartungshaltung, selbst wenn es nur die Erwartungen gegenüber sich selbst sind. Die Annahme, eine Entscheidung treffen zu müssen, lässt uns zögern und zaudern. Wie in einem fortwährenden Kreislauf werden dann routinemäßig Konsequenzen abgewogen und am Ende sehen wir meist das

Negative und befürchten die Konsequenzen unseres Handelns. Wir sind Meister in detaillierten Schilderungen möglicher Schwierigkeiten und Hindernisse, was dazu führt, dass Handlungen schlussendlich nicht ausgeführt werden. Wir wagen es nicht, die Schwelle zu übertreten, obwohl wir über alle Ressourcen dafür verfügen. Viele denken, gleich wie Caesar den Rubicon überschreiten zu müssen, aber „Alea iacta est" heißt „die Würfel sind geworfen" – sie befinden sich in ihrer Flugbahn, gefallen sind sie längst noch nicht. Alle Möglichkeiten stehen uns demnach offen – nur weil wir etwas wagen, ist noch nichts entschieden oder verloren. Denn mit der Umsetzung dessen, wozu wir uns entschlossen haben, werden die Karten neu gemischt. Die Aufmerksamkeit auf Vergangenes zu verschwenden, hilft nicht, neue Situationen zu bewältigen. Das Ziel erreichen wir, indem wir Entscheidungen treffen und auch umsetzen. Aus Angst vor Misserfolgen werden Entscheidungen und damit verbundene Taten verschoben, verlegt oder ganz verdrängt. So füttern Sie jeden Tag die Denk- und Sorgenmaschine, bis sie zu einem ausgewachsenen Monster geworden ist, das Sie bis in ihre Träume verfolgt. Es ist der Parasit, der an Ihrer Energie partizipiert. Das Problem Ihres Aufschiebens und Verdrängens hat sich festgebissen, wächst und gedeiht. Das Problem trägt einen Namen: Aufschieberitis.

Darum lassen Sie uns nach den Ursachen schauen und auch schwerwiegende Nebenwirkungen in den Blick nehmen, um Sie erfolgreich vor erneuter Ansteckung mit der Volkskrankheit Aufschieberitis zu schützen. Die Liste der wirksamen Medikamente ist lang, doch von mir erfahren Sie, was wirklich hilft. Ich gebe Ihnen auf Ihren persönlichen Bedarfsbereich – sei es die Gesundheit, der Beruf oder die finanzielle Situation – zugeschnittene Erfolgsrezepte an die Hand. Diese wirken nicht nur oberflächlich gegen die Symptome, sondern sie bekämpfen die Ursache. Es geht hier um Ihre Person und weil jeder Mensch ein Individuum ist, existieren immer Unterschiede. Das ist zu akzeptieren. Wichtig ist, die Verschiedenheit als gleichwertig anzuerkennen. Ob Sie einen lang gehegten Wunsch, ein Etappenziel oder die Erfüllung eines Lebenstraums vor sich herschieben, nicht die Größe des Schrittes entscheidet, sondern vielmehr, ob Sie überhaupt loslaufen. Vertrauen Sie darauf – ich tue es!

Für diejenigen, die wissen, wo ihr Problem liegt: Sie können getrost sofort in den Praxisteil blättern und zur Tat schreiten! Alle, die sich erst einmal in ihr Problem hineindenken möchten, sollten bei der Problemanalyse beginnen. Wer sagt, dass ein Buch immer von vorn nach hinten gelesen werden muss? Gehen Sie Ihr

Anliegen an – das „Wie" ist allein Ihnen überlassen. Ich bin nicht Ihr Fahrlehrer auf der Erfolgsspur, der für Sie notfalls Gas gibt oder bremst, wenn es brenzlig wird. Sie sind kein Fahrschüler mehr, bei mir geben Sie selbstständig Gas, ich sitze nur neben Ihnen und gegebenenfalls im Nacken! Ich helfe Ihnen, sich Ihrer Ziele bewusst oder bewusster zu werden, um diese tatsächlich zu erreichen – auf welchem Weg Sie ans Ziel kommen, entscheiden Sie. Denn Wege gibt es viele!

2 Warum die Dinge sind, wie sie sind
– ich verrate Ihnen, wie sie besser werden!

Genug der langen Vorrede! Einen kleinen Einblick dessen, was Sie erwarten wird, haben Sie erhalten. Sie haben schon registriert, dass bei Ihnen die eine oder andere Sache besser laufen könnte. Sie haben Wichtiges schon auf Ihre To-Do-Liste gesetzt, das nur darauf wartet, in Angriff genommen zu werden. Und im Grunde kennen Sie Ihr Problem, manche Dinge gehen Ihnen einfach nicht so leicht von der Hand wie andere, das aber nur, weil, wäre, hätte, wenn … Sie merken, Aufschieber kommen schnell vom Hundertsten ins Tausendste, nur eines tun sie nicht: ans Ziel gelangen! Und diejenigen von Ihnen, die ankommen, tun dies meist nur über Umwege und äußerst schwerfällig.

Wenn Ihnen dies nur zu gut bekannt vorkommt, dann werden Sie sich auf den folgenden Seiten oft wiederfinden. Um es Ihnen leichter zu machen, stellen Sie sich einfach vor, Sie haben einen Mediziner aufgesucht und dieser fragt Sie nun die ganze Reihe der Symptome ab. Anhand dieser wird auch Ihnen das Ausmaß und die Ernsthaftigkeit Ihrer Aufschieberitis-Virusinfektion bewusst werden. Sie sollten dabei Ihre Aufschieberitis nicht auf die leichte

Schulter nehmen. Ihre Symptome und Auswirkungen werden Ihnen bewusst machen, wie ernst das Problem tatsächlich ist. Es fängt mit scheinbar banalen Hängern im Alltag an und geht bis hin zur zwanghaften Motivationslosigkeit. Wie eng beides ineinandergreift, ahnt man dabei selten. Wer schon an kleinen Vorhaben scheitert, für den rücken große Projekte erst recht in weite Ferne. Wo fangen kleine Ziele an und warum ist es so wichtig, dass auch diese erreicht werden, bevor Sie Großes in Angriff nehmen? All das zeige ich Ihnen. Wer außerdem stets kurz vor dem Ziel abbricht, um sich Neuem zu widmen, darf sich nicht wundern, wenn keines der Projekte zum Abschluss gebracht wird, unabhängig von der Größe des Projekts.

2.1 Warum sich Gewohnheiten und Veränderungen nicht vertragen

Eines vorweg, nichts ist immer gleichbleibend gut, auch wenn es uns die Macht der Gewohnheit glauben machen will. Außerdem ist nicht alles ein Selbstläufer, das wissen wir aus eigener Erfahrung. Nur zu gern halten wir daher an Altbewährtem und

Erprobtem fest. Dabei vergessen wir gern, dass nichts bleibt, wie es ist. Auf eine neue Situation zu reagieren, scheint Vielen einfacher als eine neue Situation selbst herbeizuführen. Aus diesem Grund passieren viele Dinge im Leben als absehbare, aber zwangsläufige Veränderung. Veränderungen treten ein, ob Sie wollen oder nicht. „Fort-Schritte" hingegen müssen Sie selbst tun. Mit Fortschritt ist stets Positives verbunden, denn Sie schreiten ja voran. Da werden mir selbst eingefleischte Gewohnheitstiere zustimmen.

Wir alle haben irgendwann einmal in unserem Leben erfahren, dass wir Situationen selbst bestimmen und verändern können. Diese Erfahrung lässt uns in schwierigen Situationen neuen Mut fassen und in neuen Situationen den Blick nach vorn richten. Warum gehen uns dann manche Veränderungen spielend leicht von der Hand, während andere zurückgestellt, vertagt oder gleich auf nimmermehr verschoben werden? Ein Grund dafür ist, dass Veränderungen auch immer Unsicherheiten und Ungewisses in sich bergen. Und selbst wenn Sie sich vornehmen, ab jetzt spontan und nach vorn gerichtet zu sein oder zu leben, dann ist das so, als ob Sie sich zwingen würden, etwas zu vergessen oder sofort einzuschlafen – also alles in allem ziemlich unmöglich.

So verhält es sich auch mit den von uns jahrein jahraus gefassten guten Vorsätzen. Ob nun große oder kleine Vorhaben, oft starten wir ins neue Jahr mit dem Vorhaben, etwas zu verändern. Damit befinden wir uns in guter Gesellschaft: Jeder Zweite fasst sich an Neujahr ein Herz, denn wir wissen, dass uns ein Neustart guttäte. Ernüchterung stellt sich meist nach der ersten Woche, spätestens nach den ersten zwei Monaten des neuen Jahres ein. Nur acht Prozent erreichen ihr Ziel. Was ist mit den anderen 92 Prozent? Warum sind sie auf der Strecke geblieben? Was hält uns davon ab, unseren Willen durchzusetzen und Pläne Wirklichkeit werden zu lassen? Den Entschluss zu fassen, etwas verändern zu wollen bzw. die Gewissheit, etwas ändern zu müssen, reicht scheinbar nicht aus, um Einsichten umzusetzen. Besonders deutlich wird dies, wenn ich Ihnen sage, dass 90 Prozent aller Herzinfarktpatienten auch nach ihrer Attacke ihre Gewohnheiten nicht ändern. Vielmehr behalten die Betroffenen die schlechten Angewohnheiten bei, obwohl sie dieses Verhalten dem Tod bereits gefährlich nahegebracht hat.

Gleiches gilt für Beziehungen, mit denen Sie vermeintlich schon abgeschlossen haben. Ihr Partner macht alles falsch, hat viel zu viele Fehler als dass Sie ihn noch lieben könnten. Dennoch sind Sie seit über zehn Jahren mit ihm zusammen und eine Trennung ist weit und breit nicht in Sicht. Lieber meckern Sie über den anderen, anstatt ihn so zu akzeptieren, wie er ist. Was hält Sie eigentlich davon ab, zu sagen: „Schatz, das war's!"? Stattdessen machen Sie auf geduldig und bleiben beharrlich beim Altbekannten – das hat ja wohl auch seine Vorzüge.

Denken Sie an Ihre Arbeit, tagtäglich quälen Sie sich an den Arbeitsplatz. Sie haben keinerlei Bindung zu Ihrem Job, Sie haben gedanklich schon damit abgeschlossen und folgen dennoch Tag für Tag demselben Trott. Wie Ihnen geht es einem Viertel aller Deutschen. Die Aufgaben machen ihnen keinen Spaß, sie sind überfordert oder, oder, oder … Zunächst schieben Sie die negativen Aspekte der Arbeit auf, im Laufe der Zeit stellt sich genereller Frust über Ihren Job ein. Dabei könnte man meinen, Ihr Gehalt ist Schmerzensgeld und entschädigt für die Frustration. Aber warum haben Sie sich dann dieses Buch gekauft? Einer aktuellen Studie zufolge haben 23 Prozent aller deutschen Arbeitnehmer innerlich bereits gekündigt und sitzen noch immer ihre kostbare Zeit ab, ohne aktiv zu werden und sich einen neuen und mehr erfüllenden Job zu suchen. Was aber, wenn der neue Job zu ähnlicher Frustration führt? Meinen Sie, dass auch hier wieder nur Chef, Kollegen oder Umfeld schuld sind?

Es lassen sich noch etliche andere Beispiele finden, die zeigen, dass eine erschreckend hohe Zahl an Menschen nicht in der Lage ist, Gewohnheiten abzulegen und Neues voranzutreiben. Weil wir lieber wissen, was auf uns zukommt, als blauäugig ins Ungewisse zu rennen und weil wir gelernt haben, mit der aktuellen, eher bescheidenen Situation umzugehen – Sie haben gelernt, sich zu arrangieren.

Nicht nur Beispiele gibt es unzählige, auch Studien sind zu diesem Thema zahlreich durchgeführt worden. Meist um den Jahreswechsel nehmen Wissenschaftler und Meinungsforscher das anstehende neue Jahr zum Anlass, sich damit zu beschäftigen, worin die Schwierigkeit liegt, eine Entscheidung zu Entschiedenheit werden zu lassen. Ihre Untersuchungen sollen darlegen, warum es so schwer ist, einmal gefasste Vorsätze, die in der Theorie gut und machbar erscheinen, auch tatsächlich durchzusetzen. In der Praxis verwenden wir vielmehr Energie und Kreativität darauf, Ausreden zu finden und fadenscheinige Rechtfertigungen vorzuschieben. Unsere Vorhaben sind dabei schneller über Bord geworfen, als die Ausreden zu Ende gedacht sind.

Fragen wir uns: Woran liegt es, woran scheitern wir? Ist es die uns innewohnende Angst vor Unbekanntem und Neuem? Liegt es daran, dass wir Menschen Gewohnheitstiere sind und uns im Allgemeinen vor Veränderung scheuen? Wohl kaum, wie wären große Erfindungen möglich gewesen, wer hätte große historische Taten vollbracht?

Wenn Sie jetzt meinen, dass nur große Geister auch Großes vollbringen können, dann irren Sie gewaltig. Jeder kann, Sie müssen nur wissen wie! Und wenn Sie auch noch zu denjenigen gehören, die sich schon gar keine Ziele mehr setzen, Wünsche haben oder Vorsätze für das nächste Jahr fassen, dann sind Sie einem noch größeren Irrtum erlegen. Das hieße nämlich die totale Selbstaufgabe. Frage: Warum machen Sie sich dann eigentlich noch die Mühe, das Buch zu lesen? Im Grunde ist es doch so: Sie halten dieses Buch in Händen und wollen die Veränderung! Viele Ihrer Pläne oder Aufgaben haben Sie schon erfolgreich bewältigt, somit haben Sie bereits gespürt, wie gut sich eine Veränderung anfühlen kann. Sie haben auch erfahren, dass andere Vorhaben zu echten Problemfeldern werden und keineswegs kinderleicht von der Hand gehen. Und um dieses Problem zu lösen, sind Sie bereits aktiv geworden, auch wenn Sie es sich vielleicht noch nicht bewusst gemacht haben. Indem Sie diese Seiten lesen, setzen Sie sich mit ihrem Problem auseinander und versuchen, einen Weg zu finden, um an Ihre eigentlichen Ziele zu gelangen. Sie streben danach, dass sich etwas ändert! Aus diesem Grund haben Sie, ob nun bewusst oder nicht, zu meinem Buch gegriffen. Nicht ich oder irgendjemand hat gesagt, dass Sie sollen, sondern Sie allein sind meinen Ausführungen bis hierher gefolgt. Wünschten Sie, es bliebe alles, wie es ist, dann hätten Sie mit Sicherheit alles andere getan, als bis hierhin zu lesen. An diesem Punkt gelangen wir langsam und behutsam zum Kern des Problems. Nicht die Veränderung an sich ist ein Problem für den Menschen. Sie werden mir recht geben, wenn ich behaupte, dass sogar das Gegenteil der Fall ist: Der Mensch ist ein stetig Suchender, denn er strebt stets nach Steigerung und Verbesserung. Er plant Handlungen und er steckt sich Ziele, die seine persönliche Entwicklung betreffen oder sein berufliches Vorankommen bezwecken. Nur selten ist er mit demjenigen zufrieden, das er hat. Oft hält er nur kurz inne, um im nächsten Moment schon wieder nach Höherem zu streben. Unser gesamtes Dasein ist vom Wunsch nach Veränderung geprägt. Wenn wir Kinder sind, wollen wir größer sein, wenn wir Jugendliche sind, wollen wir schon erwachsen sein und wenn wir groß sind, wollen wir selbst Kinder, ein Haus oder vieles anderes. Und wenn wir all dies erreich haben, wollen wir wieder jung sein. Perfide?!

Haben wir den Eindruck, nicht voranzukommen, stellt sich schnell das Gefühl der Unzufriedenheit und Rastlosigkeit ein. Der Mensch steckt sich nicht nur immer neue Ziele, er ist geradezu darauf ausgerichtet, ebendies zu tun und darauf hinzusteuern. Das Tun ist der Motor unseres Fortschritts. Wer nicht das erreicht, was er sich vorgenommen hat, fühlt sich unzufrieden, wird misslaunig und entmutigt. Haben wir einmal resigniert, ist es schwer, der Antriebslosigkeit wieder zu entkommen. Schleichend und kaum spürbar beginnt sich die Spirale zu drehen. Erst wenn wir schon vollends im Teufelskreis fehlender Motivation stecken, merken wir, dass neue Aufgaben ungeahnte Schwierigkeiten in sich bergen und unser Vorankommen stockt. Dreht sich die Spirale weiter, in der wir scheinbar hoffnungslosgefangen sind, sehen wir in vielem nur noch das Schlechte, trauen uns nichts mehr zu und werfen die Flinte ins Korn, noch bevor wir sie richtig in die Hand genommen haben. Das Schlechte ist dabei oft nicht die Sache selbst, sondern bezieht sich vielmehr auf die Konsequenzen, die sich daraus ergeben. Sehen Sie dies als klassischen Fall der Gedankenspirale. Sie haben das Gefühl, sich im Kreis zu drehen, immer wieder an derselben Stelle stehen zu bleiben und somit keinen Schritt vorwärts zu kommen. Irgendwann werden Sie zu dem Schlussgelangen, dass es besser sei, lieber nichts zu tun und somit auch nichts verkehrt machen zu können, anstatt sich ständig um sich selbst zu drehen und doch nicht voranzukommen. Denn wer nichts macht, macht nichts verkehrt. Sie erkennen sich gerade wieder?

Das ist gut, denn der erste wichtige Schritt in Richtung Veränderung ist, zu erkennen, was Sie von ihr abhält. Ihnen fehlt die Überzeugung, etwas anzupacken und in die Hand zu nehmen – und ohne Überzeugung kein Antrieb. Fehlt Ihrem Auto der Antrieb, dann befördern Sie es auf direktem Weg zur Tankstelle und drehen den Zapfhahn auf. Was Ihnen fehlt, ist die Zapfsäule für Motivation und Entschiedenheit. Doch dafür gibt es Lösungen, es gibt Ziele, die Sie anspornen und Ihr Treibstoff sind.

2.2   Geht nicht, weil 's eh nix wird ...

Was tun, wenn wir diese lähmende Ohnmacht spüren, ohne die genaue Ursache zu kennen und keinen Stoff für unseren Antrieb nachtanken können? Bildlich gesprochen ist es wie kurz vor Ausbruch einer Krankheit. Wir fühlen uns matt und ahnen vage, dass die Gefahr, sich einen Virus eingefangen zu haben, im Verzug ist. Insgeheim hoffen wir noch, dass es sich lediglich um eine Erkältung handelt, bevor wir am nächsten Morgen mit der gesamten Palette von Symptomen aufwachen. Statt Ursachenforschung zu betreiben, versuchen wir, so schnell wie möglich wieder auf die Beine zu kommen, um so weiterzumachen wie bisher. Aspirin, Paracetamol und Ibuprofen sind dabei die wohl bekanntesten Begleiter im Glauben, Retter in der Not zu sein. Obwohl jeder weiß, dass sie nicht helfen, zur Genesung beizutragen, sondern nur Symptome betäuben, nehmen wir sie trotzdem immer wieder zur Hand.

Was heißt das nun für Aufschieberitis-Kranke? Um die Symptome zu verdrängen, schwelgen Sie lieber in schönen Erinnerungen, am liebsten bei einem Gläschen Rotwein, einer Zigarette, einer Tafel Schokolade und Chips – einfach Balsam für die Seele, letztendlich aber auch alles Dinge, die Sie schon längst aufgegeben haben wollten.

Einmal infiziert, gelingt es uns nur mit Mühe, Alltägliches zu bewältigen. Neues hingegen schieben wir auf unbestimmte Zeit auf, bis wir wieder völlig genesen sind. Wir fühlen uns in derartiger Verfassung nicht in der Lage, neue Herausforderungen zu meistern. Dies führt schlussendlich dazu, dass wir unser vermeintliches Unvermögen pauschalisieren und es auf andere Lebensbereiche übertragen, sei es der Beruf, sei es das

Privatleben, unsere finanzielle Situation oder unser gesundheitliches Befinden. Unabhängig davon, ob wir tatsächlich nicht in der Lage sind, das eine oder andere zu leisten, steht die Handlungsentscheidung schon fest. Da wir von vornherein davon ausgehen, dass es uns nicht gelingt bzw. wir es nicht schaffen, werden Handlungen erst gar nicht ausgeführt. Infolge des pauschalen Urteils interpretieren wir einen einmaligen Misserfolg als generelles Unvermögen. Dies führt letztendlich dazu, dass wir zu allem und jedem eine pessimistische Grundeinstellung einnehmen. Es führt in leichterer Form auch dazu, dass ich immer wieder Ausreden finde bzw. Dinge, die eher dagegen sprechen. Der folgende Satz wird Ihnen dabei nur allzu bekannt vorkommen: Es ist alles nur eine Frage der Einstellung!

Wenn Sie jetzt meinen, das sei abgedroschen, dann haben Sie sogar Recht, denn es muss vielmehr heißen, es ist alles eine Frage der positiven bzw. jeweiligen Einstellung zum Ziel oder Vorhaben. Betrachten wir es anders herum, erscheint noch viel klarer, was damit gemeint ist. Hinter jeder Ihrer Handlungen – und auch Nicht-Handeln gehört dazu – stehen bestimmte Motivationen und Beweggründe, die uns aktiv werden lassen, sodass wir Dinge angehen oder Handlungen unterlassen. Eine negative Haltung, sprich ein in Gedanken bereits vorhergesehenes

Scheitern, ist zwar Quelle des Antriebs, sie spornt uns aber nicht in dem Maße an, wie es erforderlich ist. Ihre Einstellung ist wie ein Fahrzeug, mit dem Sie stets nur im ersten und zweiten Gang fahren, obwohl die Verwendung der nächst höheren Gänge doch so naheliegend ist. Nun können Sie versuchen, mit Ihrem Fahrzeug schneller zu fahren, werden aber bei 6000 Umdrehungen feststellen, dass Sie im ersten oder zweiten Gang nicht viel schneller vorankommen werden. Ist es Ihnen wichtig, an Altem festzuhalten, dann bleiben Sie Ihrer Fahrweise treu. Verändern Sie Ihre Einstellung und denken Sie pragmatisch, dann fangen Sie an zu schalten und werden sehen, dass sich gleich viel mehr Gas geben lässt, ohne gefühlt immer mit angezogener Handbremse zu fahren.

Unsere Bedürfnispyramide sieht vor, dass wir neben Essen, Trinken, Atmen und Schlafen auch das Gefühl von Kompetenz, Selbstständigkeit und sozialer Akzeptanz brauchen. Sie alle sind essentiell für eine gesunde menschliche Persönlichkeit, weshalb wir danach streben, dass diese Bedürfnisse befriedigt werden. Im Umkehrschluss bedeutet die Nicht-Erfüllung unserer ganz elementaren Belange, dass wir in einen inneren Konflikt geraten. Diesen auszutragen, kostet Energie und vor allem Durchhaltevermögen – haben Sie Lust, ständig nur im zweiten

Gang, dafür aber mit 6000 Umdrehungen zu fahren? Für Ihren inneren Motor bedeutet das: Enormer Spritverbrauch, Verschleiß der Teile und trotzdem das Gefühl einer angezogenen Handbremse. Daher kommt auch das Ihnen gut bekannte Gefühl, ausgebrannt zu sein und dass Sie nichts wirklich schaffen. Denn Sie selbst setzen den Maßstab, wann Sie sich autonom, kompetent und sozial eingebunden fühlen. So sorgen Sie für Ihre Motivation oder bewirken Demotivation.

2.3 Die lange Liste der Symptome

Bevor wir tiefer in die Materie einsteigen, lassen Sie uns kurz festhalten: Wir haben festgestellt, dass Veränderungen unvermeidlich sind, sie passieren, ob wir wollen oder nicht, ob bewusst oder unbewusst herbeigeführt. Aus dieser Tatsache ergeben sich zwei Möglichkeiten: Entweder Sie reagieren auf die Veränderung oder Sie agieren und führen die Veränderung selbst herbei. Sind Sie federführend, haben Sie die Dinge selbst in der Hand und bestimmen die Bedingungen selbst – wenn der Kopf Nein sagt, sagen auch die Beine Nein. Sie können also jammern oder es verändern! Denn wenn Sie reagieren, müssen Sie zunächst die Bedingungen akzeptieren, die Ihnen vorgegeben werden.

Sollten Sie sich aus dem Bauch heraus entscheiden, welche Variante die bessere ist, würden Sie es sehr wahrscheinlich vorziehen, die Ausgangslage selbst zu bestimmen, ohne sich fremden Bedingungen fügen zu müssen. Wir sind darauf ausgerichtet, Veränderungen zu wollen und Dinge selbst in die Hand zu nehmen. Das macht uns als Menschen aus und sorgt für ein gesundes Selbstwertgefühl. Wir müssen essen, trinken und atmen, um zu überleben. Die Erfüllung oder Nicht-Erfüllung der menschlichen Grundbedürfnisse hinterlässt in jedem Fall einen individuellen Fingerabdruck in unserem Profil und wirkt maßgeblich auf die Entwicklung unseres Selbstbildes ein. Wir wollen herrschen, wir wollen geliebt werden und wir wollen etwas auf die Beine stellen. Der Treibstoff unseres Handelns ist ein Motiv, welches entweder auf Macht, sozialer Beziehung oder Leistung beruht. Das Problem beginnt, wenn uns, bildlich gesprochen, der Treibstoff knapp wird und wir uns mit kurzfristiger Befriedigung begnügen, weil wir den sofortigen Genuss vorziehen, anstatt unser Handeln auf langfristige Genugtuung auszurichten.

Denken Sie an Ihren Arbeitsalltag. Vielleicht geht es Ihnen wie den 23 Prozent der Deutschen, die sich im Geiste schon von ihrem Job verabschiedet haben – nun arbeiten Sie und erledigen den ganzen Tag viele kleine Dinge. Weil alles drängt, haben Sie nie das Gefühl, etwas geschafft oder wirklich gut gemacht zu haben. Schuld ist dann der Chef, weil er zu viele Aufgaben gibt oder weil er zu wenig lobt, schuld sind auch die Kollegen. Der Druck entlastet sich zwar kurzfristig nach Feierabend oder einer Woche Urlaub, drängt aber schon bald von neuem. Irgendwann ist schon der Weg zum Job schuld daran, dass Sie frustriert zur Arbeit kommen. Das Ventil für den Druck, den Sie verspüren, sind meist andere, sie werden für nicht erreichte Ziele, nicht gelungene Aufgaben oder ein allgemein schlechtes Selbstwertgefühl verantwortlich gemacht. Andere tragen die Schuld für unser eigenes Versagen. Wir schieben nicht nur Prioritäten von uns weg, sondern auch Verantwortung und Schuld.

Um kurzfristige Erfolge zu erlangen, verlagern wir unsere Prioritäten und ziehen eigentlich Zweitrangiges als Vorwand vor, um Dringendes auf die lange Bank zu schieben. Sie merken also, es ist von Bedeutung, zwischen Wichtigem und Dringendem zu unterscheiden.

2.4 Die Folgen der Aufschieberitis und ihre Auswirkungen

Die Folgen des Aufschiebens können Sie in den unterschiedlichsten Bereichen Ihres Lebens treffen, so kann es Ihre Beziehung treffen, aber auch Ihren Job oder Ihre Gesundheit. Wie auf der Arbeit oder bei der eigenen Schreibtischablage – wir schieben aus den unterschiedlichsten Gründen auf, es ist nicht nur das vermeintlich bessere Arbeiten unter Druck, weil wir im Grunde nie richtiges Zeitmanagement gelernt haben. Es kann auch aufgeschoben werden, um sich selbst zu schützen. Stellt man fest, etwas nicht zu können oder vielleicht nicht erfolgreich zu meistern, so schiebt man es lieber auf die lange Bank, um Frustration zu vermeiden– aus Angst zu versagen. Ängste kann man vor den unterschiedlichsten Dingen entwickeln, es kann die Angst vorm Scheitern sein, aber auch die Angst vor Erfolg und den sich anschließenden Fragen „Was nun? Wie geht es weiter? Wie schließe ich an diesen Erfolg an?". Sowohl die Angst vorm Versagen, als auch vor Erfolgen anderer oder vor eigenen früheren Erfolgen, legen die Messlatte hoch und könnten bewirken, dass Neues vor sich hergeschoben wird. Je länger Sie jedoch eine Sache aufschieben, umso mehr regt sich der Ärger in Ihnen, bislang nicht aktiv geworden zu sein und da diese Sache immer mehr drängt, können Sie nicht zur Ruhe kommen. Aus Trotz, dass Sie sich so derart darüber ärgern, versuchen Sie, den Ärger und damit auch die Sache soweit wie möglich von sich wegzuschieben. Zugleich haben Sie das Gefühl, ohnmächtig gegenüber gewissen Dingen zu sein, nichts hinzubekommen und schämen sich vermutlich umso mehr. Dies geht einher mit Minderwertigkeitsgefühlen, die sich bis hin zu einem ausgewachsenen Komplex steigern können, der einen von vornherein abwinken lässt, da man sich allein nichts mehr zutraut.

Um sich von vermeintlichem Unvermögen abzulenken, werden auch gern neue Projekte in Angriff genommen. Doch sobald auch hier die ersten Hindernisse erscheinen, werden zunächst Teilziele und am Ende das ganze Projekt aufgeschoben. Es gibt Menschen, die immer mit etwas Neuem beginnen müssen, um von alten Baustellen abzulenken und trotzdem das Gefühl zu haben, tätig zu sein. Diese Menschen hängen an solchen Verhaltensweisen wie Alkoholiker an der Flasche.

Letztendlich sind die Folgen überall gleich: Sie führen zu chronischem Pessimismus gegenüber allem und jedem, zu übervorsichtigem Handeln und dazu, dass Sie jedes noch so kleine Problem zerdenken oder sich in hoffnungsvoller Träumerei verlieren. Im Zweifelsfall ändern Sie sogar Ihre Bezugspersonen, Sie suchen sich in akuten Aufschiebephasen Freunde, die ähnliche Probleme haben und die Ihnen Ihr Aufschieben nicht vorhalten würden – wie Sie meinen. Doch genau das Gegenteil ist der Fall: Meine eigenen Fehler stören mich bei anderen noch viel mehr als bei mir selbst. Bei anderen wird Ihnen das Aufschieber-Problem besonders bewusst, während Sie Ihr eigenes Problem verdrängen. Die eigenen schlechten Eigenschaften werden gern verdrängt, das Gegenüber spiegelt Sie aber immer wider und was Sie an sich selbst nicht mögen, das können Sie bei anderen erst recht nicht ausstehen. Wenn wir die eigenen Fehler ausblenden, dann sprechen wir auch vom *Blinden Fleck*. Dieser ist ein reiner Selbstschutz: Man will nicht erkennen, dass man genauso ist wie der Gegenüber und darum schiebt man ganz einfach die Schuld auf andere und wäscht somit gleich sein Gewissen rein. Darüber hinaus steigt das Aggressionspotential beim Anblick des Gegenübers, nicht etwa, weil Sie ganz anders geartet sind, sondern vielmehr, weil Sie genauso sind oder noch viel schlimmer. Das bringt Sie zur Weißglut!

Aufschieberitis und der Sinn des Lebens

Den Sinn Ihres Lebens zu erkennen und zu wissen, welchen Weg Sie gehen möchten, ist eine Lebensaufgabe. Ganz groß gesprochen ist dieses Ziel damit gleichzusetzen, die eigene Bestimmung gefunden zu haben. Der Sinn des Lebens wird bestimmt durch Ihre Glaubenssätze, Werte und moralischen Grundsätze. Nach dem Sinn des Lebens zu suchen, liegt in der Natur der Sache, da wir Menschen immer ewig Suchende und Strebende sind. Solange der Alltag vor sich hin tröpfelt, werden Sie den für Sie feststehenden Sinn nicht infrage stellen, doch sobald Sie sich auf einen neuen Lebensabschnitt zubewegen, werden Sie ihn wohl hinterfragen. Weiß ich, was ich will im Leben? Gibt es eine höhere Berufung? Wofür bin ich eigentlich auf der Welt? Um Reichtum anzuhäufen, um zu arbeiten, zu leben und eine Familie zu gründen? Bei der Beantwortung dieser Fragen geht es nicht um den eigentlichen Sinn, sondern vor allem um den Sinn hinter Ihrer Entscheidung: Job, Partner oder Freizeit?

Die Antworten findet jeder für sich selbst. Für diejenigen, die sie nicht zu finden meinen, endet die Suche in Sinnleere, Tagträumerei, Depression und Lebensverneinung.

Aufschieberitis im Beruf

Sie haben Ihren Job verloren. Ihnen wurde gekündigt und nun meinen Sie vor den Scherben Ihrer Existenz zu stehen und fragen sich, wie es soweit kommen konnte. Womit fangen die Probleme auf Arbeit an und was sind Dinge, die Sie als Signale sehen müssen. Am Anfang war es noch die schleichende Demotivation, die Sie nicht mehr 100 Prozent Ihrer Leistung hat abrufen lassen. Weniger Leistung führt schlussendlich zu schlechteren Ergebnissen und dazu, dass Ziele nicht erreicht werden.

Fragen Sie sich doch einmal: Wie sieht Ihr Arbeitsalltag aus? Lieber das aktuelle Chaos schnell beseitigen – weil das Tagesgeschäft so drängt – und mit dem Gewissen, dass man viel gemacht hat, nach Hause gehen, anstatt längerfristig zu denken und die wirklich wichtigen Projekte in Angriff zu nehmen? Hand auf's Herz, Sie kennen wahrscheinlich das Gefühl nur zu gut: Am Abend sind Sie total fertig, weil Sie so viel gemacht, aber zugleich nichts wirklich geschafft haben. Neben dem Arbeiten kommen Sie zu nichts, weil Sie keine Lust auf irgendetwas mehr haben. Der typische Aufschieber ist nicht im eigentlichen Sinne faul, er vermeidet nur, sich großen komplexen Aufgaben zu widmen. Er nimmt lieber viele kleine Aufgaben in Angriff, bei denen er schneller und sicherer zum Ziel gelangt und somit gleichzeitig Misserfolg vermeiden kann.

Es folgen Klagen über zu hohe Arbeitsanforderungen, zu viele Aufgaben bei zu wenig Zeit und zu häufigen Veränderungen. Dadurch fühlen Sie sich permanent überfordert. Zudem fehlt Ihnen das Gefühl, anerkannt zu werden und selbstbestimmt arbeiten zu können. Dadurch entstehen Frustration und Lustlosigkeit, die Sie wiederum daran hindern, sich zu motivieren und Ihre Aufgaben abzuarbeiten. Der Antrieb zu arbeiten ist jedoch die Selbstmotivation und das heißt zugleich, sich selbst zu organisieren. Durch eine fehlende Arbeitsstruktur fehlt Ihnen Zeit, was Sie wiederum zwingt, Dinge aufzuschieben. Bevor Sie sich mit wichtigen und dringenden Aufgaben beschäftigen, erledigen Sie noch allerlei Routineaufgaben, die Sie kennen und die Ihnen Sicherheit geben. Im Teufelskreis von routinemäßigen Aufgaben verschieben Sie wieder und wieder, was wichtig ist, obwohl die Aufgaben immer dringender werden. Ihr Problem ist, dass Sie den Unterschied zwischen „wichtig" und „dringend" nicht erkennen und Ihre Aufgaben falsch priorisieren.

Dadurch häufen sich die Stunden auf Ihrem Überstundenkonto, Sie können andere Termine nicht einhalten und kommen stets viel zu spät nach Hause. Außerdem kostet es Sie unheimlich viel Zeit, bestimmte Aufgaben immer wieder in die Hand zu nehmen. Durch die mangelnde Zeit entsteht zunehmend der Druck unerledigter und liegengebliebener Dinge. Ihren Ärger über all dies lassen Sie im besten Fall noch an Ihrem Partner aus, der scheinbar auch nur auf Ihnen herumhackt und schon haben wieder alle anderen die Schuld. Sie befinden sich mitten im Teufelskreis des Aufschiebens, der Überforderung und des Kontrollverlusts.

Sie wirken total gestresst, stehen unter permanentem Druck und Anspannung, ziehen aber dennoch Ihren Stiefel durch, ganz nach dem Motto: „Das wird schon wieder." Für den Moment zeigt Ihre Motivationskurve nach oben, fällt aber sofort wieder ab, sobald das Problem von Neuem auftritt. Die Zeitbombe im Berg der unerledigten Aufgaben tickt unterdessen weiter. Solange das Problem nicht gelöst ist, helfen weder Urlaub noch Auszeiten. Sie bringen vorerst eine Entspannung der Lage und Distanz, schieben aber nur das Problem weg. Sie haben meist gar keine Lust, überhaupt wieder auf Arbeit zu gehen. Das führt dazu, dass Sie entweder kündigen oder Ihnen gekündigt wird.

Aufschieberitis in der Beziehung

Eigentlich scheint alles gut in Ihrer Beziehung. Sie wollen feste Strukturen schaffen, sei es das Zusammenziehen, ein Kind zu bekommen oder den Bund für's Leben zu schließen. Doch schon beim Heiraten fängt es an: Sie wollen einen Heiratsantrag machen oder warten schon eine ganze Weile darauf, einen zu bekommen. Manchmal sind es auch die einfachen Dinge, die Sie wegschieben wie dem anderen einmal etwas Gutes tun, eine Freude machen, Blumen kaufen etc. Entweder schieben Sie es selbst immer wieder auf oder trauen sich auch nicht, ernste Themen oder gefühlte Vernachlässigung anzusprechen. Die Angst vor möglichen Konsequenzen spielt hier eine ganz große Rolle. Was, wenn Ihr Partner Nein sagt, was, wenn er sich dadurch unter Druck gesetzt fühlt? In Ihrem Partner macht sich derweil das Gefühl breit, Ihnen nicht gut genug zu sein, weil Sie nicht bereit scheinen, den nächsten Schritt in der Beziehung zu gehen. Sie hören nur noch Vorwürfe und haben selbst irgendwann das Gefühl, dem anderen nichts mehr recht machen zu können, sind sich aber dabei keiner Schuld bewusst.

Immer wenn Sie nach Hause kommen, gibt es wegen jeder Banalität Streit und Ihr Gegenüber straft Sie mit Liebesentzug. Im Umkehrschluss kommen Sie immer weniger gern nach Hause, bleiben lieber etwas länger auf Arbeit oder legen sich den einen

41

oder anderen Termin nach Feierabend. Stress in der Beziehung wirkt sich ebenso auf Ihre Gesundheit aus wie zu viel Arbeit und zu wenig Momente der Ruhe, um neue Kraft zu tanken. Streit, Stress und zu wenig Zeit füreinander lassen Ihre Gefühle abklingen. Ihre schöne Beziehung ist nur noch Schrott und Sie stehen letztendlich vor einem Scherbenhaufen. Trotzdem schieben Sie eine Entscheidung auf, weil Sie nicht wissen, was danach kommt, Sie Angst vorm Alleinsein haben und vieles mehr. Sobald Ihnen die Auseinandersetzung mit sich und der eigenen Zukunft zu anstrengend wird, denken Sie an die schönen Momente, dass doch alles nicht so schlimm sei und man ja kämpfen müsse. Und zu guter Letzt wird es in der nächsten Beziehung wohl auch nicht besser. Haben Sie sich bei dem Dilemma schon einmal gefragt, ob es an Ihnen liegt?

Aufschieberitis bei Ihrer Gesundheit

Nicht nur in Ihrer Beziehung ist es wichtig, auf sich zu achten und Entscheidungen nicht vor sich her zu schieben, auch Ihrem Körper bekommt Aufschieben gar nicht. Fragen Sie sich mal, was Sie schon alles längst für Ihre Gesundheit machen wollten bzw. was Sie auch machen müssten? Stattdessen sind Sie nur im Stress und kümmern sich so gut wie gar nicht um Ihre Gesundheit. Für Sport bleibt oft wenig Zeit, ebenso wie für gesundes Essen, viel öfter gibt es etwas vom Stand gegenüber für zwischendurch oder abends eine deftige Portion und ein großes Glas Rotwein dazu. Rauchen und Alkohol sind Ihre kleinen Helferlein, um runter zu kommen. Manchmal sind Sie aber vielleicht auch nur zu faul, sich zum Arzt oder zum Sport zu bewegen und entscheiden sich für kurzfristige Belohnungen. Nicht nur Ihre Vorsorgeuntersuchungen, sondern irgendwann auch dringende Arztbesuche schieben Sie auf, alles andere ist jetzt wichtiger als drei Stunden im Wartezimmer zu sitzen. Außerdem wird man da erst richtig krank. Nach dem Motto: „Geht schon, da ist nichts!" ignorieren Sie die Signale Ihres Körpers. Wer solchen Raubbau mit seiner Gesundheit betreibt, wird früher oder später von den Folgen sprichwörtlich umgehauen, denn der Körper nimmt sich seine Auszeiten – ob Sie nun wollen oder nicht.

Wenn Sie bei körperlichen Beschwerden eine ärztliche Untersuchung aufschieben, kostet Sie Ihr Vermeidungsverhalten schlimmstenfalls sogar das Leben. Ich habe dies schon selbst erleben müssen, als ein Freund von mir trotz vier Herzinfarkten sein Leben nicht zwingend umgestellt hat, weiter geraucht, getrunken, zu viel Stress gehabt hat und das bis zum Schluss mit nur 52 Jahren …

Aufschieberitis in Finanzdingen

Sparen ist nichts für Sie. So denken Sie auch heute noch nicht an die Altersvorsorge von morgen, sondern vielmehr an die Dinge, die Sie sich im Moment gönnen? Das hilft Ihnen herzlich wenig, wenn Sie im Alter nur auf eine geringe Rente zurückgreifen können.

Sie könnten mit dem Fahrrad fahren, weil das Sport ist und gleichzeitig Geld spart oder Sie kaufen sich eine Jahreskarte beim öffentlichen Nahverkehr – statt täglich die Fahrkarte am Automat zu erwerben, müssten Sie dazu in die Filiale gehen.

Rechnungen sind etwas, das Sie grundsätzlich aufschieben, Verzugszinsen und Mahnungen sind Ihnen keine Unbekannten, aber anstatt zunächst Ihr Kaufverhalten und auch Ihre Zahlungsmoral zu ändern, wird die Angst, Ihre Post zu öffnen immer größer. Zu Zinsen und angemahnten Beträgen kommt dann irgendwann auch noch der Vollstrecker hinzu, der an Ihrer Tür klingelt. Ihre SCHUFA-Einträge sind bald eines Ihrer kleineren Probleme, denn der Eintrag in Ihrem Führungszeugnis wiegt viel schwerer und hindert Sie daran, einen neuen Job zu finden und somit auch Ihre Schulden zu bezahlen. Ich mache es hier besonders drastisch, auch wenn solche Folgen sicher nicht allein der Aufschieberitis geschuldet sind. Sie sollen Ihnen aber bewusst machen, wozu Aufschieberitis führen kann, wenn Sie nichts dagegen unternehmen.

Aufschieberitis

Sie haben in den fünf vorhergehenden Bereichen Parallelen zu sich feststellen können? Dann möchte ich Ihnen noch einmal in aller Deutlichkeit die Dramatik Ihrer Situation aufzeigen: Sie kennen den Sinn des Lebens eigentlich nicht, haben Ihre wahre Bestimmung nicht vor Augen. Allein darum bleiben Sie in Ihrem Job, der Ihnen nicht gefällt oder nehmen ein Angebot an, auf das Sie im Grunde keine Lust haben – Sie brauchen schließlich Geld, um zu leben. Die Folge ist Demotivation und latente Unlust im Job, was wiederum zu schlechten Ergebnissen der eigenen Arbeit führt. Der Stress mit dem Arbeitgeber oder Kunden ist vorprogrammiert, die daraus entstehenden Unstimmigkeiten nehmen Sie mit nach Hause. Ihr eigentlicher Konflikt verlagert sich auch in den privaten Bereich. Ihre Unzufriedenheit übertragen Sie dabei auch auf Ihre Beziehung und das lassen Sie Ihren Partner spüren. So beginnen auch hier die Unstimmigkeiten zuzunehmen. Die Spirale dreht sich weiter: Sie haben nun Stress im Beruf und im Privaten und außerdem keinen Ort der Erholung mehr. Psychischer Stress schlägt sich auf den Körper nieder, die Folge sind physische Krankheiten, die einen psychosomatischen Ursprung haben und Sie im schlimmsten Fall arbeitsunfähig machen. Zu Ihren persönlichen Problemen kommen jetzt auch noch finanzielle Einbußen hinzu, um die Sie sich ebenfalls Gedanken machen müssen. Eines bedingt das andere und alles ist miteinander verknüpft. Darum ist es besonders wichtig, Aufschieberitis als gesamtheitliches Phänomen zu betrachten und sich diesem zu stellen.

2.5 In letzter Konsequenz: existenzbedrohende Ausmaße

Wenn es an die menschliche Substanz und unsere Lebensgrundlage geht, schrillen die Alarmglocken. Existenzbedrohende Ausmaße, das klingt zunächst dramatisch, aber das abgebildete Szenario ist keineswegs überspitzt dargestellt. Sie werden abwinken, denn schließlich handle es sich bei der Aufschieberitis um ein mehr oder minder kleines Motivationsproblem. Das mag auf den ersten Blick auch so sein. Es ändert jedoch nichts daran, dass es sich, wie der zweite Blick verrät, dabei um ein ernstzunehmendes Problem handelt, das viel zu oft verkannt wird. Ich nenne es deswegen die Volkskrankheit Nr.1. Sie ist in dem Maße lebensbedrohlich, als dass sie nicht nur unsere Lebensqualität einschränkt, sondern auch, einmal in die Strömung geraten, existentielle Krisen zur Folge haben kann. Der Teufelskreis des Aufschiebens und Verdrängens fließt meist schneller als erwartet. Er entwickelt einen stärkeren Sog als es gesund für uns ist. Anzeichen dafür, dass Sie sich mit dem Aufschieberitis-Virus infiziert haben, sind Tinnitus und ständige Nervosität bis hin zum totalen Burnout. Es gibt Untersuchungen, die belegen, wie aggressiv dieser Virus um sich greift: Jeder Fünfte weltweit leidet an chronischer Aufschieberitis. Das Krankheitsbild kann dabei ganz unterschiedlich aussehen. Allen gemeinsam ist das gewohnheitsmäßige Vertagen von Dingen. Während der eine vertagt, um jeglichen Druck zu vermeiden und für alles eine Ausrede sucht, lässt der andere zwanghaft Druck entstehen, weil er meint, nur dann die entsprechende Leistung erbringen zu können. In meinen Seminaren und Vorträgen höre ich immer wieder, so richtig produktiv könne man erst unter Stress werden, erst dann werde man kreativ. Dann empfehle ich etwas zynisch, dies lieber nicht zu laut zu sagen. Ihr Chef könnte auf die Idee kommen, Ihre Kollegen zu entlassen, damit Sie mehr Stress haben und produktiv arbeiten …

Die Symptome der Aufschieberitis sind meist eindeutig. Häufig werden jedoch die Symptome nicht richtig erkannt, verkannt oder verdrängt, obwohl viele Leiden und Beschwerden psycho-somatisch, also vom Kopf her begründet sind. Auch wenn die Symptome richtig gedeutet werden, bleiben die Ursachen oft unbekannt. Eine Vielzahl an Möglichkeiten lässt uns alles offen und wir wollen am besten von allem etwas und noch mehr, schaffen es aber nicht, uns auf eine Sache wirklich zu konzentrieren. Dies wiederum lähmt und hemmt uns dabei, Neues in Angriff zu nehmen. Wir haben also nicht nur ständig das Gefühl, nicht ans Ziel zu gelangen, weil es noch viel zu viel gibt, was wir noch nicht erreicht haben, sondern es entsteht auch der Eindruck, Dinge nicht geschafft zu haben, bis hin zur Überzeugung, dass Sie es ja eh nicht schaffen würden. Darüber hinaus wollen wir alles, aber nichts richtig, sondern nur von allem etwas. Daher ist die Aufschieberitis in allen Lebenslagen vorhanden.

Wenn Sie jetzt abwinken und meinen, ich betreibe Schwarzmalerei und entwerfe Horrorszenarien, dann frage ich Sie: Warum gestaltet sich die Umsetzung mancher Vorhaben so schwierig, obwohl wir nicht nur intuitiv, sondern auch bewusst nach Veränderung streben? Was geht schief auf dem Weg vom Willen zur Wirklichkeit? Woher kommt die Willensschwäche und warum reicht es nicht aus, bei quälender Antriebslosigkeit die Produktpalette entsprechender Medikamente gegen die Symptome auszuschöpfen?

Sie merken, unter welchem Blickwinkel wir das Problem auch immer betrachten, wir drehen uns im Kreis und kommen immer wieder zu denselben Fragen. Es reicht nicht aus, den Zustand, der uns zu schaffen macht, zu benennen. Auch die Beschreibung eines Problems löst dieses nicht. Würde ich Ihnen jetzt im Folgenden zahlreiche gut gemeinte und in der Praxis erprobte Tipps, Ratschläge und Rezepte an die Hand geben, würden Sie wahrscheinlich schon bald wieder an ein und derselben Stelle stehen und mit sich hadern. Die oberflächliche Betrachtung des Aufschieberitis-Problems bringt uns nicht weiter. Nur die tiefergehende Analyse dessen, was uns wirklich zu schaffen macht, zaudern und zögern lässt, ist eine solide Grundlage, um nachhaltig Abhilfe zu schaffen.

Verstehen Sie mein Buch als fachkundige Diagnose, die nach eingehender Untersuchung gestellt wird und als patentes Rezept, das Ihnen gleich im Anschluss die persönliche Medikation bietet. Hier liegt es in Ihrer Hand, sich die lindernden Medikamente zu besorgen, sich auf den Weg zu machen, das Rezept einzulösen und dann die Behandlung bis zum Letzten durchzuziehen.

3   Der Ursprung allen Übels

Sicherlich sitzen Sie nun ganz betroffen vor diesem Buch. Sie haben jetzt ein genaueres Bild davon, wie sich Aufschieberitis äußert. Bewusstsein schaffen für das Problem, das ist der Anfang, die Ursachen zu kennen, ist der Weg zur Problemlösung und die Rezepte erfolgreich anzuwenden, das ist das Ziel. Wenden wir uns also zunächst ab vom Problem des Aufschiebens hin zu dem Punkt, an dem das Problem beginnt eines zu werden und nicht mehr nur eine Frage besseren Zeitmanagements und guter Selbstorganisation ist. Dies soll Aufschluss darüber geben, warum wir zu Aufschiebern werden und warum der eine Dinge vertagt, während der andere sofort alles in Angriff nimmt. Warum tickt der eine Mensch so und der andere wiederum völlig anders?

3.1   Tabula Rasa – der Beginn unseres Seins

Um ein Problem zu lösen, sollten die Ursachen bekannt sein. Diese wiederum stehen nicht am Ende einer Problemkette und auch nicht irgendwo dazwischen, sondern sie sind Ursprung und Anfang des Übels. Wann und womit die Aufschieberitis anfängt, bleibt bei den Betroffenen im Dunkeln. Erst wenn die Auswirkungen der Aufschieberitis spürbar werden, rückt das Problem in unser Bewusstsein. Zuvor haben Sie sich durch Weg- und Aufschieben bequem in Ihrem Leben eingerichtet, sodass die Ernsthaftigkeit des Problems durch kurzfristig wirkende Erfolge lange im Verborgenen schlummert. Das Problem der Aufschieberitis ist nicht nur ein tiefgreifendes, es ist auch ein schleichendes und somit umso schwerer zu lösen, da sich Gewohnheiten eingeschlichen und verfestigt haben, die es erst wieder aufzubrechen und abzustellen gilt. Um das Problembewusstsein zu schärfen, lassen Sie uns an den Ursprung zurück denken. Der Ausgangspunkt ist eine Tabula Rasa, eine glatte und unversehrte Wachstafel. Man stelle sich den Menschen bei seiner Geburt als ein völlig unbeschriebenes, weißes Blatt Papier vor. Oder denken Sie sich eine neu gekaufte Festplatte, die mit dem Zeitpunkt der Inbetriebnahme bespielt wird. Das jeweilige Betriebssystem ist schon darauf, doch die einzelnen Programme müssen noch installiert werden. So wird auch das weiße Blatt Papier im Laufe unseres Lebens beschrieben. Dabei sind wir nicht allein federführend, denn auch andere Menschen und Situationen prägen uns und unser Denken, Handeln und Fühlen. Unsere Persönlichkeitsentwicklung läuft nicht von anderen losgelöst ab, sondern wird von anderen Personen und dem Umfeld beeinflusst.

Jede Entwicklung braucht einen Motor, entweder sind wir selbst der Antrieb oder es sind andere. So ist Nahrung der Motor für Energie und Wachstum, Bildung der Treibstoff für die Entwicklung intellektueller Fähigkeiten. Da wir nicht im vollen Besitz all unserer Fähigkeiten geboren werden, müssen wir diese erst erwerben oder ausbilden. Die gesamte Entwicklung des Menschen ist daher ein Lernprozess. Durch Erfahrung und Übung gewinnen wir zunehmend motorische Fähigkeiten und automatisieren Bewegungen und Abläufe. Zudem erwerben wir stetig Wissen. Dieses Wissen wiederum verändert sich fortlaufend in unserem Gehirn, es wird verdichtet, differenziert und vertieft. Unser Wissen ist also ein Netzwerk, welches immer fort ausgebaut wird. Was Hänschen nicht lernt, lernt Hans nimmer mehr? – Blödsinn! Es ist zugegebenermaßen schwerer, auch im Alter Neues zu lernen, jedoch ist es nicht unmöglich. Das Gehirn mit seiner Wissensstruktur bietet alle Möglichkeiten, stets zu lernen und Neues aufzunehmen, unabhängig davon, wie alt Sie sind.

Dabei ist die Auseinandersetzung mit der Umwelt ein fester Bestandteil Ihrer Entwicklung. Das Zusammenwirken vieler Faktoren ergibt im Ganzen den einzelnen Menschen. Wir sind nicht allein Akteur im eigenen Entwicklungsplan, auch Eltern, Gleichaltrige und die soziale Umgebung spielen eine Rolle. Hinzukommt das, was Sie gemeinhin Veranlagung nennen, es sind die Gene, die in weiten Teilen wissenschaftlich erforscht sind. Feststeht unlängst, dass Sie nicht alles Ihren Genen verdanken oder im umgekehrten Fall zuschieben können. Das heißt im Klartext: Ob Sie groß oder klein sind, das haben Ihre Gene in der Verantwortung. Wenn Ihr Umfeld jedoch nicht zulässt, dass Sie im Laufe Ihrer Entwicklung mit ausreichend Nahrung versorgt werden, so kann dies Ihre allgemeine geistige und körperliche Entwicklung und Ihr Wachstum im Speziellen hindern und hat nichts mit Ihrer Veranlagung zu tun. In diesem Fall ist das Betriebssystem auf Ihrer Festplatte vollkommen in Ordnung, nur das nachträglich aufgespielte Programm ist fehlerhaft und somit läuft das ganze System nicht wie vorgesehen.

Wer oder was macht nun aus Ihnen einen Aufschieber, welche Gene und welche Faktoren Ihrer Umwelt oder was von beiden zusammen ist es, das aus Ihnen den geborenen Aufschieber macht? Gehen wir der Sache also auf den Grund.

3.2 Wenn es doch nur immer so einfach wär' ...

Das Aufschieberitis-Problem fängt damit an, dass Sie Dinge von heut' auf morgen und dann auf übermorgen verschieben. Wenn die eigene Unzufriedenheit wächst, weil Sie merken, dass Sie auf der Stelle treten, dann finden Sie den Fehler bei anderen, anstatt ihn bei sich selbst zu suchen. Das Gewissen fühlt sich gleich viel wohler, wenn nicht die eigene Unzulänglichkeit schuld an Misserfolgen und Stillstand ist. Sich einzugestehen, dass der eigene Biss fehlt und Prioritäten wider besseres Wissen auf die lange Bank geschoben werden, ist nicht nur schwer zu verdauen, es passt auch schwer ins eigene Weltbild. Denn wie wir festgestellt haben, liegt es in unserer Natur, tätig zu sein und stets nach Neuem zu streben. Um dem Dilemma zu entkommen, etwas nicht in Angriff genommen zu haben, bedienen wir uns an Ausreden und Vorwänden, da sie scheinbar schneller und leichter zur Hand sind als das Problem selbst zu lösen.

Und bevor Sie Ausreden finden und sich rechtfertigen, so viel vorweg: Die Zwillingsforschung hat gezeigt, dass lediglich 20 Prozent unseres Seins durch die genetische Anlage bestimmt wird. Es gibt also einzelne wenige Einschränkungen, die auf unserer Festplatte von Geburt an vorgezeichnet sind. Die anderen 80

Prozent hingegen sind Entwicklungspotential, das Ihnen frei zur Verfügung steht. Hier hängt es allein von Ihnen ab, was Sie daraus machen. Freiheit und Verantwortung liegen bei uns selbst. Ich mache es Ihnen ganz deutlich, am besten anhand eines beliebten Beispiels: Wenn Sie Ihr Ziel nicht erreichen und zu sich selbst sagen, es liegt an den 20 Prozent, die durch die eigenen Gene bestimmt werden, dann machen Sie es wie die meisten der Übergewichtigen, die sagen, es liege nur an ihren Genen, dass sie zu dick sind. Sie selbst könnten rein gar nichts für ihr Gewichtsproblem, ihre ungezügelte Esslust oder ihren mangelnden Bewegungsdrang. Ich nehme an, Sie selbst müssen bei diesem Beispiel ein wenig schmunzeln. Die Liste der Laster, die sich der Mensch selbst anlastet, ist lang … Sind Sie Raucher oder haben zumindest einen notorischen Raucher im Ohr, dann kennen Sie die üblichen Klagen: Man könne nicht aufhören zu rauchen, denn der Stress sei zu groß, wenn Sie aufhören würden, dann nähmen Sie zu oder, oder, oder … Dass die Ursache meist woanders liegt, sehen wir häufig nicht.

Die Beispiele führen Ihnen vor Augen, dass wir meisterlich im Ausreden-Finden und Beschuldigen sind, aber tatsächlich ist es doch so: Die anderen tragen letztendlich nicht die Schuld für unseren Misserfolg. Es liegt zu 100 Prozent in Ihrer

Verantwortung, was Sie aus Ihrem Leben machen. Denn nur Sie bestimmen über Ihre Anlagen und Ihr Potential.

Ihre genetischen Anlagen zeigen einen Weg auf, wie Sie sich entwickeln können. Ob Sie diesen Weg auch beschreiten, ist allein Ihre Sache. Ihre Gene geben Ihnen lediglich vor, dass Sie gemäß Ihrer körperlichen Voraussetzungen, so gern Sie beispielsweise ein Fisch wären, nicht unter Wasser atmen können und auch nicht fliegen wie ein Vogel, selbst wenn Sie es gern würden. An diesem Punkt ist Ihre Leistungsgrenze zunächst erreicht. Ihre Natur hindert Sie daran, weil Sie Ihnen nicht die genetischen Anlagen für ein Leben unter Wasser oder in den Lüften mitgegeben hat. Auch hier hat sich der Mensch bereits Abhilfe für seine Bedürfnisse geschaffen, indem er mit Sauerstoffflaschen und Taucheranzügen durchaus in der Lage ist, sich mehrere Stunden im Wasser frei zu bewegen. Flossen verhelfen ihm zudem zu gleitend schnellen Bewegungen, so wie eine Taucherbrille ihm klare Sicht gewährt. Den Traum vom Fliegen hat sich der Mensch ebenso erfüllt, indem er nicht nur Flugzeuge, sondern auch Fallschirme und Paragleiter erfunden hat. Was ich Ihnen mit diesen Beispielen zeigen will, ist, dass natürlich gewisse Voraussetzungen gegeben sein müssen, um Erfolg zu haben. Auf der anderen Seite sind Eigenschaften wie Ausdauer, Disziplin und

Wille entscheidend. Ohne diese gewinnt auch der beste Sportler keinen Wettkampf. Auf Ihrem Weg dahin werden Sie immer wieder auf Hindernisse und an scheinbare Grenzen stoßen. Nehmen Sie diese nur als Anhaltspunkt und fragen Sie sich, ob Sie wirklich auf dem richtigen Weg sind oder doch einen anderen beschreiten sollten. Zugleich eröffnen sich dadurch neue Wege und Möglichkeiten, um ans Ziel zu gelangen.

Wenn Sie also keine Flossen zur Hand haben, dann besorgen Sie sich ein Boot und fahren über das Wasser!

3.3 Der Mensch, ein Produkt seiner Umwelt

Kennen Sie das ...? Sie wollten nie werden wie Ihre Eltern, stellen aber mit Erschrecken fest, dass Sie gerade auf dem besten Weg dahin sind? Nun wissen Sie, dass Sie das Ganze nicht Ihren Genen zuschreiben können. Diese schreiben Ihnen nicht zwangsläufig vor, wie Ihre eigene Mutter oder Vater zu werden. Sie fragen sich dennoch, wer ist schuld? Ist es das direkte Umfeld Ihrer Eltern, das Sie zu dem oder der gemacht hat, der/die Sie sind? Was und wer ist Ihre Umwelt? Inwieweit wirkt das Umfeld und was ist nun doch unveränderlich vererbt?

3.3.1 Warum auch der größte Einzelgänger die Gemeinschaft sucht

Ein Kind wächst ganze neun Monate im Bauch der Mutter heran. Auch nach der Geburt ist es in den ersten Lebensjahren von seinen Eltern abhängig. Der Mensch ist ein Herdentier und innerhalb der Herde übernehmen die Eltern oder gegebenenfalls andere die Pflege der Nachkommen. So geht das Kind erst in die

Kindergrippe, dann in den Kindergarten und danach in die Schule. Erzieher und Lehrer sind also die Herdentiere, die sich den Kindern annehmen und zugleich Einfluss auf sie ausüben.

Schon vor der Geburt nehmen Mitmenschen und Umstände des näheren Umfeldes Einfluss auf die Entwicklung. Insbesondere die Mutter hat Einfluss darauf, welcher Mensch entsteht. Ihr Einfluss beschränkt sich nicht auf die Weitergabe ihrer Gene, also im Zweifelsfall dieselbe Nase, derselbe Humor oder eben die negativen Eigenschaften, die man sich selbst nicht eingestehen möchte. Eine Mutter, die während der Schwangerschaft raucht, trinkt und viel Stress ausgesetzt ist, nimmt bestimmte Programmierungen auf der Festplatte des Kindes in Kauf. Der Zusammenhang schädlicher Einflüsse von außen und einem nicht wie vorgesehen laufenden Entwicklungsplan zeigt sich in psychischer wie physischer Form, also als Fehler in Hardware und Software des Menschen, angefangen bei Verhaltensauffälligkeiten bis hin zu Allergien und Geburtsfehlern. Der Mensch entfaltet sich also nach seinen natürlichen Anlagen und im Rahmen der ihn umgebenden Bedingungen. Der Mensch ist demnach ein Produkt seiner Natur und seiner Umwelt, denn er ist schon vor Beginn seines Lebens unweigerlich äußerlichen Einflüssen ausgesetzt.

Wir erinnern uns: Zum Zeitpunkt der Geburt ist der Mensch ein weißes Blatt Papier, das nun beschrieben wird. Der Mensch ist nur ein halbfertiges Produkt der Natur, welches nach der Geburt rein körperlich vollkommen funktionsfähig ist. Bildlich gesprochen heißt das, der menschliche Computer läuft mit Inbetriebnahme nicht wie von selbst. Ohne Befehle und Anweisungen von einem Bediener funktioniert die Technik des Menschen nicht. Ein Säugling kann essen und trinken, nur braucht er in den ersten Lebensjahren jemanden, der ihn säugt und füttert. Das ist auch bei vielen anderen Dingen so, die erlernt und automatisiert werden. Learning by Doing – so erwirbt der Mensch Wissen und Fähigkeiten, indem er sein Umfeld beobachtet und es nachahmt.

Ohne Bezug auf ein Gegenüber oder einen sozialen Fixpunkt kann kein Lernprozess stattfinden und der Mensch sich im Zuge dessen auch nicht entwickeln. Ein Kind lernt schließlich nicht von einem Baum, sich selbst zu verpflegen und zu sprechen, sondern nur von einem menschlichen Gegenüber.

Die Natur des Menschen ist es, in einer Gemeinschaft zu leben. Er hat einen natürlichen, wenn auch größtenteils unbewussten Drang, zu einer Gruppe dazuzugehören. Ein ganz simples Beispiel dazu: Alle Ihre Freunde sind im sozialen Netzwerk Facebook aktiv. Auf dieser Plattform haben sie nicht nur persönliche Profile angelegt, sondern nutzen diese auch als Kommunikationsmöglichkeit: verabreden sich, tauschen Meinungen aus und berichten Neuigkeiten. Sie selbst weigern sich jedoch, sich ebenfalls einen Account bei Facebook einzurichten. Nun passiert es in der Folgezeit häufiger, dass Sie von gemeinsamen Treffen spät oder gar nicht erfahren, dass Ihnen Neues erst zu Ohren kommt, wenn es schon alle wissen und sich längst schon keiner mehr darüber austauscht. Wie werden Sie wohl reagieren? Es ist sehr wahrscheinlich, dass Sie sich früher oder später auch ein Profil erstellen, um Teil dieses sozialen Netzwerks zu sein. Meinetwegen nennen Sie es auch Gruppenzwang, letztendlich wird Sie jedoch Ihr Bedürfnis nach Zugehörigkeit zur Gemeinschaft überzeugen. Andernfalls wären Sie wie einer, der allein in den Wald zieht. Sie kennen doch das Lied: „Ein Männlein steht im Walde, ganz still und stumm." Und nicht: „… und feiert mit sich selbst!" Und wenn es nicht die Plattform Facebook ist, so sucht sich doch jedermann seine Gruppe, ob nun virtuell, kulturell, ideologisch oder sozial – selbst der hartnäckigste Einzelgänger möchte auf Dauer nicht allein bleiben. Schlussendlich gibt schon die Zeitung, die Sie lesen, Aufschluss darüber, welcher Gruppe Sie sich zugehörig fühlen. Gehören Sie zur Gruppe der BILD-Leser oder nehmen Sie eher eine FAZ zur

Hand? Bzw. für alle, die ihre News online beziehen: Welche App bevorzugen Sie?

Der Einzelne passt sich gesellschaftlichen Denk- und Verhaltensmustern an, d.h. wir werden von den Menschen in unserer Umgebung geprägt. Darüber hinaus findet im Zuge der Entwicklung der Persönlichkeit eines Menschen ein Prozess statt, den man als Sozialisation bezeichnet. Wer sozialisiert uns also? Dem sozialen Umfeld gehören Eltern und Verwandte, Lehrer wie Mitschüler, Kommilitonen und Arbeitskollegen an. Ein Kind lernt das, was man ihm vormacht. Schlägt der Vater die Mutter, denkt das Kind, dieses Verhalten sei normal und wird es höchstwahrscheinlich nachahmen oder es in anderer Richtung verarbeiten. In der Orientierungsphase von Kindern und Jugendlichen ist auffällig, dass sich der Fokus mehr auf die Gruppe ausrichtet, zu der sie dazugehören möchten, als auf die Ansichten der Eltern oder Lehrer.

Innerhalb der selbstgewählten Gruppe findet ein Austausch zwischen zumeist Gleichaltrigen statt, die zudem häufig einen ähnlichen sozialen Hintergrund haben. Darüber hinaus wirkt die Anziehungskraft von gleichen Interessen besonders stark. Der Satz „Gleich und gleich gesellt sich gern" ist hier besonders treffend. Bildlich gesprochen ist eine solche Interessengruppe ein Spielfeld, auf dem alle Teilnehmer dasselbe Spiel spielen und denselben Regeln folgen. Ein Fußballer würde wohl nicht auf die Idee kommen, mit einem Handballer das Feld zu betreten und mit ihm zu spielen, den jedes Spiel folgt anderen Spielregeln. Und auch ein Dortmunder Fußballfan wird wohl nie mit einem Schalker gemeinsam ins Stadion gehen und auf dieselbe Mannschaft setzen, außer es handelt sich um die deutsche Nationalmannschaft.

Wir umgeben uns also meist mit Gleichgesinnten, weil Ähnlichkeiten eine gewisse Anziehungskraft auf uns ausüben. Im Physikalischen nennt man es „das Gesetz der Resonanz": Der Widerklang ertönt nur dann, wenn der entsprechende Schallkörper gegeben ist. So verhält es sich auch mit Ihrem Umfeld, das Sie sich wählen, um in dem Sinne erhört zu werden bzw. um auf einer Wellenlänge zu liegen. Der Mensch ist ein Gemeinschaftswesen und strebt danach, sich mit anderen zu umgeben. Sehen Sie sich Ihr persönliches Umfeld aus alten Schulfreunden, Arbeits- oder Studienkollegen an. Sie umgeben sich mit ganz bestimmten Personen, es ist die Ausstrahlung eines einzelnen, sein Denken und Handeln, das Sie mit diesen Personen zusammenbringen. Ein ganz simples Beispiel dazu: Notorische Nörgler meinen meist, von Pech und Missliebigkeiten heimgesucht zu werden – dem ist auch so! Miesepeter ziehen andere negativ eingestellte Personen an, die dann auch noch das bestätigen, was sich missmutige Menschen stets einreden: Alles ist schlecht, das Leben meint es schlecht und sowieso ist alles schrecklich ungerecht und übel. Wenn Sie aber in genau umgekehrtem Fall immer ein Lächeln auf den Lippen und stets Freude am Leben haben, dann werden in Ihrem Umfeld auch viele interessierte und fröhliche Menschen zu finden sein, die Ihnen diese Freundlichkeit und das Interesse zurückgeben.

So wie sich emotionale, empathische Menschen eher in einem Umfeld mit ebenfalls gefühlsgeleiteten Personen befinden, als dass diese Bauchmenschen die Nähe von reinen Kopfmenschen suchen, so ist es auch im Umgang mit Konflikten. Potentiell aggressive und aufbrausende Menschen scheinen Konflikte buchstäblich anzuziehen, da sie immer wieder ähnlich aggressive Menschen anziehen, die Konflikte ebenfalls durch Gewalt statt durch Kommunikation lösen. Harmoniebedürftige Personen hingegen scheinen nie Streit zu haben, da sie in Ihrem engen Umfeld eher den Kontakt zu Gleichgesinnten suchen.

Ebenso ist es in Beziehungen: Es gibt Verbindungen, in denen fliegen schon mal Türen, Geschirr und andere Sachen, während wieder andere Paare zwar Diskussionen führen, diese aber nach einem Gespräch beiseitelegen. Paare, die länger zusammen sind, haben nicht nur viele Gemeinsamkeiten, ähnliche Interessen und gleiche Hobbys, sie gleichen sich sogar noch an, je länger sie zusammen sind. Das ist auch in freundschaftlichen Beziehungen der Fall. Die Prägung durch die jeweilige Interessens- und Einflussgruppe ist so maßgeblich, dass sie auf unsere Denk- und Handlungsmuster nicht nur punktuell und im Zusammenhang mit einem Ereignis einwirkt, sondern dauerhaft Auswirkungen auf unser Denken und Fühlen und somit letztendlich auch auf unser Handeln hat.

Kleine Denkaufgabe: Welche Gruppe hat Sie geprägt? Was ist das Besondere an Ihrem Umfeld? Welche Vorbilder haben Sie sich damals gesetzt?

Nun haben wir in aller Ausführlichkeit dargestellt, wer den einzelnen Menschen beeinflusst. Müssten wir es nun wie in der Schule in Form eines Tafelbildes veranschaulichen, dann hätten wir in der Mitte den Menschen und ringsherum zig Kreise und Striche, die diese miteinander verbinden, denn so ziemlich alle im näheren Umfeld des Menschen nehmen mehr oder minder Einfluss auf ihn. Eltern wie Freunde und Bekannte vermitteln moralische Vorstellungen und Werte, spielen sogenannte Glaubenssätze auf und programmieren damit die Prägung des Einzelnen. Je nach Einfluss prägt der eine mehr, der andere weniger.

3.3.2 Und die Moral von der Geschicht' ... – wie sich moralische Vorstellungen entwickeln und was sie bewirken

So oder so ähnlich enden viele Fabeln und Märchen, zumindest die meisten, die wir kennen. Besonders Märchen sind umso populärer, je schöner das Ende, wenn letztendlich die Guten überleben und das Böse bestraft und verbannt wird. Diese Geschichten lehren auf unterhaltsame Weise Verhaltensregeln, gemäß dem Motto: „Wer anderen eine Grube gräbt, fällt selbst hinein", ergo „Verhalte dich stets korrekt gegenüber deinen Nächsten!" Angemessenes Verhalten heißt also nicht, „Wer anderen eine Grube gräbt, der lache sich tot", obwohl dies für den Einzelnen durchaus komisch sein könnte. Der Begriff Moral meint Prinzipien des Handelns, über die man sich in einer Gruppe oder in einem ganzen Kulturkreis geeinigt hat und nach denen man leben sollte. Die Moral entscheidet also über richtig und falsch, Gut und Böse. Die moralischen Grundsätze werden von Geburt an eingeprägt und vom Individuum verinnerlicht, sodass der Mensch automatisch weiß, welche Handlungen richtig und welche falsch sind. Jeder von uns entwickelt dabei ein gewisses Gerechtigkeitsempfinden, welches seine moralische Vorstellung ausdrückt.

Nun begegnen wir im Alltag immer wieder Dingen, die weit über das unmoralische „Grube graben" hinausgehen. Die Frage, die sich dabei stellt, ist, wie sich moralisch fragwürdige Verhaltensweisen entwickeln, dass anderen Leid zugefügt, Menschen gequält oder erschossen werden. Was veranlasst jemanden dazu, so etwas zu tun und wo bleibt hier die Moral, die sagen müsste, dass es falsch ist, das zu tun? Das beschriebene Verhalten gilt als antisozial, das heißt, es zielt darauf ab, andere zu schädigen und ist somit moralisch verwerflich. Die moralische Entwicklung läuft stufenweise ab. Wir erreichen im Zuge der Entwicklung bestimmte Stufen moralischer Maßstäbe. Dabei ist das Erreichen einer Stufe auch vom Umfeld des Einzelnen abhängig, die gelebte Moral der Eltern und des Freundeskreises wird verinnerlicht. Wir sind zunehmend in der Lage, uns in den anderen hineinzuversetzen und seine Perspektive zu sehen – auch das ist moralisches Denken. Dadurch entsteht Einfühlungsvermögen und Empathie. Innerhalb des Umfeldes gibt es so etwas wie ungeschriebene Gesetze, an die sich jeder hält. Werden sie von uns übertreten, dann reagiert der Körper mit Schuldgefühlen oder Scham. Eine Schlussfolgerung kann daher sein: Bevor Sie sich schämen oder schuldig fühlen, schieben Sie die Dinge lieber von sich weg.

Ein ganz simples Beispiel dazu: Sie stehen im Supermarkt vor dem Regal und haben die Wahl zwischen einem Fairtrade-Produkt und einem herkömmlichen Artikel, welcher gut und gerne nur die Hälfte vom moralisch wertvolleren Produkt kosten kann. Ich brauche Sie gar nicht erst zu fragen, ob Sie tatsächlich überlegen, welches Produkt Sie kaufen sollten und für welches Sie sich tatsächlich entscheiden. Lesen Sie dann aber einen Artikel über Lebensmittelskandale und ausgebeutete Lebensmittelhersteller in fernen Ländern, dann fühlen Sie sich betroffen. Aber im Moment der Entscheidungsfindung haben Sie Ihre Moral getrost beiseitegeschoben.

3.3.3 Glaubenssätze – Vorurteil oder Wegweiser

Bitte erschrecken Sie nicht, wenn Sie die Überschrift *Glaubenssätze* lesen, ich will Sie nicht bekehren! Ich hätte diesen Teil genauso gut mit *Vorannahmen* oder auch *Vorurteilen* überschreiben können. Denn Glaubenssätze sind nicht viel mehr als festgeschriebene Vorannahmen, die wir für zukünftige Situationen annehmen. Im Grunde ist es nicht viel mehr, als dass wir uns im Vorfeld Gedanken machen, was in der einen oder anderen Situation passieren könnte, da wir nicht wissen, was in diesem Fall wirklich passieren wird. Warum tun wir das? Dies tun wir nicht, um die Zukunft zu orakeln, sondern um Entscheidungen für oder gegen bestimmte Handlungen zu treffen. Daher folgt der Mensch bestimmten Mustern, die er zu Hilfe nimmt, um sich zu orientieren. Bevor wir demnach etwas tun, haben wir stets eine Vorstellung davon im Kopf, was wir machen wollen oder eben nicht. Wir überlegen, was dabei rauskommen könnte und welche Risiken und Vorteile eine Handlungsweise haben könnte.

Wir entwickeln diese Vorstellungen, an die wir glauben, auf verschiedene Weise:

1. Auf Grundlage einer selbst gemachten Erfahrung entsteht ein Muster zukünftiger Vorgehensweisen, indem wir die gemachte Erfahrung auf ähnliche Situationen übertragen und vergleichen.

2. Oder aus der Erfahrung anderer übernehmen wir deren Vorstellung, weil man diese selbst bei anderen gesehen hat oder weil sie uns von anderen erzählt wurde.

3. Wenn weder ich selbst noch andere eine entsprechende Erfahrung in der gegebenen Situation gemacht haben, gibt es keine Erfahrungswerte dazu und es kann auch nicht auf den Erfahrungsschatz anderer zurückgegriffen werden. Was tun? Es wird ein Szenario im Kopf durchgespielt unter der Annahme möglicher Konsequenzen. Ohne wirklich zu wissen, was passiert, wird angenommen, wie sich das Szenario abspielen wird.

Wir üben uns also vor jeder Entscheidung in Interpretation: Ganz automatisch interpretieren wir in gegebene Tatsachen, was unsere Einstellung daraus macht. Das Ganze läuft zudem völlig unbewusst ab. Stellen Sie sich folgende Situation vor: Sie stehen früh morgens auf, sehen den bewölkten Himmel, ziehen sich ganz automatisch regenfest an und greifen sehr wahrscheinlich auch noch nach dem Schirm, weil Sie davon ausgehen, dass es regnen könnte. Ich frage Sie: Sind Sie Hellseher? Es muss nicht regnen, die Wolken könnten mit derselben Wahrscheinlichkeit auch weiterziehen und die Sonne könnte scheinen. Und weil es sich am Wetter so schön abbilden lässt, noch ein Beispiel, um zu verdeutlichen, was Glaubenssätze bewirken – schließlich ist keiner von uns Jörg Kachelmann oder Petrus selbst.

Sie kennen den Spruch: Wenn du den Teller nicht aufisst, dann wird morgen schlechtes Wetter. So fangen wir an, unser Sättigungsgefühl zu ignorieren und verlernen, Stopp zu sagen. Was das mit Übergewicht zu tun hat, können Sie sich denken … Dabei können Sie nicht wissen, ob morgen schlechtes Wetter wird oder nicht und auch Ihre Eltern können das nicht wissen. Ansonsten müssten wir unser Sättigungsgefühl dem Wetter anpassen. Sie würden sich auch nie fragen, ob Sie, wenn heute schlechtes Wetter wäre, doppelt so viel essen müssten, damit morgen wieder die Sonne scheint.

Spielen wir das Szenario noch ein bisschen weiter. Stellen Sie sich vor, am nächsten Tag ist tatsächlich schlechtes Wetter, Oma kommt zu Besuch und fragt: „Na, wer hat da gestern nicht aufgegessen?" Hier sehen wir, wie Einstellungen weitergegeben werden. Eltern übertragen beinahe automatisch, was ihnen schon ihre Eltern vermittelt haben. Sie können davon ausgehen, dass auch Ihre Eltern oft genug gesagt haben, dass sie als Eltern alles anders machen werden als ihre eigenen Eltern. Ob nun bewusst oder unbewusst, Sie verinnerlichen Einstellungen und Vorstellungen der Eltern, leben diese und geben diese weiter. Und auch wenn der Spruch vom schlechten Wetter helfen soll, dass aufgegessen wird, bleibt er haften und wirkt fort. Statt auf Ihr natürliches Sättigungsgefühl zu vertrauen, essen Sie alles auf ohne Rücksicht auf Völlegefühl.

Solange Sie kein Hellseher sind, können Sie nicht mit Sicherheit sagen, was passieren wird. Ihre Annahmen basieren auf Erfahrungen oder vorgefertigten Urteilen – ebendiese nennt man Glaubenssätze. Sie glauben, den Ausgang einer Situation zu kennen, zu befürchten oder zu erhoffen, wissen es aber nicht. Dann kommen Aussagen wie: „Das habe ich doch gewusst!" Haben Sie aber nicht – Sie können es maximal geahnt haben. Glaubenssätze dienen der Orientierung und sind das Gerüst, an dem Sie sich entlang hangeln, wenn es darum geht, eine Entscheidung zu treffen. Das Gerüst dient als Stütze, kann Sie aber gleichermaßen einschränken, weil Sie sich an Ihr

Gedankengerüst klammern, da es Ihnen Halt gibt oder zumindest das Gefühl von Sicherheit. Entscheidend ist dabei – und das steckt schon in dem Wort glauben –, dass es sich hierbei nur um eine mögliche Sicht der Dinge handelt und nicht zwangsläufig um die Wahrheit. Stellen Sie sich Ihre Sichtweise so vor, als würden Sie in einen dunklen Raum mit der Taschenlampe hineinleuchten, Sie sehen nur das, was sich im Lichtkegel befindet – das ist Ihre Sicht der Dinge. Alles andere liegt im Dunkeln, Sie sehen also nur das, was Sie sehen können bzw. wollen. Genauso läuft es auch beim Denken und Planen: Sie bedenken nur das, was Sie denken wollen oder Ihnen Ihre Prägung vorgibt. Wenn Sie Angst vor bestimmten Situationen haben, dann werden Sie anders denken, als wenn Sie mutig sind.

Ihnen eventuell vertraute Glaubenssätze sind folgende Annahmen: alle Verkäufer sind Abzocker, Geld verdirbt den Charakter, alle Männer sind Schweine oder Frauen werden immer emotional. Glaubenssätze sind pauschale Urteile, sie verallgemeinern und werfen alles in einen Topf. Glaubenssätze sind somit zweierlei: Sie sind hilfreich, weil sie ein Gerüst der Orientierung bieten, sie können zugleich auch einschränken. Wir nehmen nur die Konsequenzen vorab an, die wir auch sehen wollen und die wir zu sehen imstande sind – denken Sie zurück an den Lichtkegel der

Taschenlampe, der nur einen bestimmten Ausschnitt des Ganzen erleuchtet. Wenn Sie also schon vorher meinen, dass Ihr Projekt misslingt, dann beeinflusst das Ihre Entscheidungsfindung. Unbewusst glauben Sie zu scheitern, weil Sie oder andere schon ähnlich negative Erfahrungen gemacht haben. Vorannahmen oder mögliche Konsequenzen können Sie daran hindern, neue, vielleicht positivere Erfahrungen zu machen. Denn ihr Umfeld und Sie selbst reden sich manchmal Dinge ein, die Sie, wenn Sie sie nur oft genug gehört oder sich selbst vorgesagt haben, glauben und von denen Sie meinen, dass sie wahr sind. Genauso kann es auch andersherum sein: Sie sind zu 110 Prozent davon überzeugt, eine Sache zu schaffen, z.B. mit dem Rauchen aufzuhören. Weil Sie so davon überzeugt sind, kann es durchaus passieren, dass Sie in Ihrem eingeschränkten Lichtkreis Dinge übersehen, die zu Hindernissen werden können. Sie schaffen letztendlich das Vorgenommene nicht, obwohl es Ihnen weder an Überzeugung noch an Motivation mangelt. Denken, meinen, glauben heißt nicht wissen. Sie merken, nur weil Sie glauben, dass etwas so ist, wie Sie meinen, muss es noch längst nicht die Wirklichkeit sein.

Es sei hinzugefügt, dass Ihre Denke und Ihr Glaube von den Dingen nicht von Natur aus gegeben sind. Sie haben dies sozusagen nicht mit der Muttermilch aufgenommen. Meinten Sie beispielsweise früher, dass der Klapperstorch die Kinder bringt und nur der Weihnachtsmann die Geschenke, dürften Sie sich mittlerweile eines Besseren haben belehren lassen. Ihre Glaubenssätze spiegeln stets Ihre eigene Sichtweise wider. Ihr Denken und somit auch Ihr Handeln beruht also nicht allein auf den Erfahrungen, auf die Sie sich beziehen können, sondern vor allem auf dem, was Sie aus diesen Erfahrungen machen. Glaubenssätze sind nicht in Stein gemeißelt, sie sind veränderbar, austauschbar und können auch gänzlich aufgegeben werden. So glauben Sie im Zweifelsfall nicht Ihr ganzes Leben lang an Klapperstorch und Weihnachtsmann, sondern werden diese Glaubenssätze getrost ins Land der Märchen verbannen. So einfach, wie es bei diesen Beispielen zu handhaben ist, so leicht gestaltet es sich auch bei anderen. Sie können also davon ausgehen, dass sich dies, auch wenn Sie einmal scheitern, nicht als lebenslanger Glaubenssatz in Ihrer Denke manifestiert. Ihre Annahmen können durchaus revidiert werden.

Fangen wir gleich damit an: Welche Ihrer Glaubenssätze müssten dringend überdacht werden und welche können Sie getrost über Bord werfen?

3.3.4 Werte – was ist Ihnen wichtig?

Werte sind die Dinge, die Ihnen wichtig sind, Werte sind Ihre Vorstellungen von Dingen und Eigenschaften. Ist Ihnen etwas wichtig oder weniger wichtig? Hat etwas für Sie Wert und ist somit von Bedeutung und motivierend? Abhängig vom Umfeld, in dem Sie aufgewachsen sind, also von der Erziehung, Freundeskreis bis hin zu Ihren kulturellen Einflüssen, sind bestimmte Werte für Sie wichtiger als andere. Sie haben Ihre ganz persönliche Wertehierarchie, d.h. Werte sind einander über- und untergeordnet.

In Gruppen existieren immer gemeinsame Wertbegriffe, denn ohne ein gleiches Verständnis zentraler Werte, erfolgt der Ausschluss des Einzelnen aus einer Gruppe. Die Werte, die von einer Gruppe geteilt werden, dienen als moralische Richtschnur. Werte, die sehr häufig ganz oben auf der Werteliste stehen, sind Leistung, Ehrlichkeit, Freundschaft, Verlässlichkeit, Treue und Bescheidenheit. Diese und andere Werte legt der Einzelne einer Entscheidung für oder gegen eine Handlung zugrunde, denn Werte bestimmen die Richtung des Denkens und der Wahrnehmung. Sie sind somit nicht nur Richtlinien für die ganze Gruppe, sondern Handlungsorientierungen für jeden Einzelnen, bei dem die Werte wiederum ganz unterschiedlich priorisiert sind.

Egal ob Sie eine gute oder schlechte Erfahrung gemacht haben, wichtig ist, inwieweit diese mit Ihren Werten übereinstimmen.

Ein Beispiel dazu: Erfolg ist Ihnen sehr wichtig, Sie haben den Wert „Erfolg" verinnerlicht, sodass er Sie motiviert und Ihren Fokus im Alltag leitet. Werte beginnen bei Aufrichtigkeit gehen über Dankbarkeit, Fleiß und Treue bis hin zu Zufriedenheit. Ihre Werte können sich genauso gut wandeln, da sie von Ihrem sozialen Umfeld abhängig sind. Während Sie bewusst auf Ihre Glaubenssätze zurückgreifen, sind Wertevorstellungen im Unterbewusstsein abgelegt. Ihre Werte schlummern im Inneren, Sie sind sich dessen gar nicht wirklich bewusst. Fragen Sie sich einmal, wofür Sie Ihre Zeit tatsächlich aufwenden, worin Sie Energie investieren und finden Sie so heraus, wo Ihre Präferenzen, also Ihre handlungsleitenden Werte liegen.

Wenn Sie sich die Frage, wofür Sie wirklich Zeit und Energie verwenden, ehrlich beantwortet haben, könnten Sie festgestellt haben, dass Sie zwar den Wert „Erfolg" in Ihrem Selbstbild voranstellen, aber am Zeitaufwand gemessen, eigentlich der Wert „Spaß" für Sie an erster Stelle steht. Wenn Sie sich fragen, warum Sie keinen Erfolg haben, dann können Sie sich jetzt selbst die

Antwort darauf geben. Zwischen gedachten Werten und tatsächlich gelebten kann ein riesengroßer Unterschied bestehen.

Stehen Ihre Werte miteinander im Widerspruch, konkurrieren diese miteinander und lassen Sie unentschlossen und zögerlich werden. Sie befinden sich in einem Wertekonflikt, den es zunächst auszutragen gilt, bevor Sie wieder handlungsfähig sind – ein Grund also, warum Sie manchmal zögern und aufschieben. Einzelne Werte stehen mit bestimmten anderen Werten grundsätzlich in einem Konkurrenzverhältnis: Treue und Entwicklung, Sicherheit und Freiheit. Diesen Werten ist nicht gleichzeitig gleichermaßen gerecht zu werden, das liegt in der Natur der Sache. Ein simples Beispiel: Wenn Sie gern lange an Altbewährtem festhalten und sich mit Neuem schwertun, sind Sie grundsätzlich ein Mensch, für den Treue wichtig ist. Nun sehen Sie sich jedoch vor einer neuen beruflichen Herausforderung in einem äußerst dynamischen Umfeld, in dem das Team von Projekt zu Projekt wechselt, Sie ständig mit neuen Leuten zu tun haben und auf die Sie sich zunächst erst einmal einstellen müssen. Das bedeutet für Sie eine besondere Herausforderung, in der Sie in selten verändernden Verhältnissen eine Konstante sehen. Die meisten Werte werden jedoch nicht als gleichrangig angesehen und werden deshalb anderen untergeordnet. In diesem Fall bedeutet das, dass Ihnen die berufliche Veränderung wichtiger ist als Ihr persönliches Bestreben nach Konstanz. Folglich werden Sie dem dynamischen Umfeld den Rücken kehren und sich einen Beruf in einem festen Umfeld mit feststehenden, immer wiederkehrenden Prozessen suchen, in dem Sie sich auskennen.

Nicht nur im Berufsalltag, sondern auch in Ihrer Beziehung können Wertekonflikte auftreten, die sich nur lösen lassen, wenn eine Interesse der anderen untergeordnet wird. Sie brauchen beispielsweise immer Abwechslung, möchten Neues entdecken, während Ihr Partner am liebsten jedes Jahr an die Ostsee und am besten noch immer ins selbe Hotel fahren würde. Für Sie ist aber Urlaub mit Rucksack, selbstgewählter Route und in fernen Ländern Abenteuer pur. Hier sind genauso Konflikte vorprogrammiert, wie wenn Sie gern und so viel Zeit wie möglich allein mit Ihrem Partner verbringen möchten, dieser aber am liebsten immer in Gesellschaft ist und Zeit zu zweit nur dann einplant, wenn es im besten Fall intim wird. Und selbst dann geht er/sie ans Telefon, wenn es klingelt.

Konsequenzen konkurrierender Werte können nicht nur Konflikte sein, sondern vielmehr auch eine Ursache, um Dinge aufzuschieben: Sie scheuen Veränderungen, Konstanz ist für Sie besonders wichtig, also schieben Sie einen notwendigen Jobwechsel auf, obwohl Sie schon längst nicht mehr mit Ihrem Job zufrieden sind. Sie wollen gern andere Länder und Kulturen erleben, haben aber immer noch nicht gebucht, weil dies für Sie bedeutet: viel zu viel Arbeit, keine Zeit und Ihr Partner will auch nicht recht. In Wahrheit handeln Sie nicht, weil Ihnen Ihre vertraute Umgebung wichtiger ist, als gänzlich Neues zu erleben und sich auf Unbekanntes einzulassen. Werden Sie sich bewusst, welche Werte Ihnen wirklich wichtig sind und ob diese mit Ihrem Leben übereinstimmen. Stimmen die Werte Ihres Arbeitgebers mit den eigenen überein? Welche Werte hat eine Führungskraft in ihrer Führung und welche passen zu den jeweiligen Empfängern?

3.3.5 Motive – Muster unserer Denkweise

Hinter jeder unserer Handlungen steckt ein bestimmtes Motiv, denn nichts passiert einfach so. Um Ihre Leistungsfähigkeit und Lebensqualität zu steigern, müssen Sie zunächst herausfinden, wie Sie im wahrsten Sinne des Wortes ticken. Welche Motive stehen hinter Ihrem Verhalten, sind Sie eher einer, der macht oder lassen Sie sich lieber leiten? Sind Sie der introvertierte oder der extrovertierte Typ? Brauchen Sie Anerkennung von anderen und spornt Sie dies an oder reicht Ihnen Ihre eigene Anerkennung, um Ihr Ziel zu verfolgen? Welche Motive treiben Sie an: Ehrgeiz, Egoismus, Wille?

Fragen Sie sich doch einmal selbst, was Ihnen wichtig ist:

1. **Macht:** Wie sehr streben Sie nach Einfluss, Erfolg, Leistung und Führung?
2. **Anerkennung:** Wie wichtig ist Ihnen soziale Akzeptanz, Zugehörigkeits- und Selbstwertgefühl?
3. **Beziehungen:** Suchen Sie stets die Nähe zu anderen oder können Sie genauso gut allein sein und die anderen sind Ihnen herzlich egal?
4. **Ehre:** Legen Sie gesonderten Wert auf Loyalität, Moral und Prinzipien?
5. **Eros:** Wie wichtig ist Ihnen Sexualität, ein erotisches Leben, Schönheit?
6. **Essen:** Welchen Wert hat Essen für Sie? Empfinden Sie besondere Freude am Essen?
7. **Familie:** Steht für Sie das Familienleben und die Erziehung Ihrer Kinder an erster Stelle?
8. **Idealismus:** Soziale Gerechtigkeit und Fairness sind Ihnen besonders wichtig?

9. **Körperliche Aktivität:** Wie wichtig ist Ihnen Ihre Fitness, tägliche Bewegung und ein gutes Körpergefühl?

10. **Neugier:** Haben Sie einen ständigen Wissensdurst und sind stets auf der Suche nach der Wahrheit?

11. **Ordnung** – ist das halbe Leben? Dieser Satz könnte von Ihnen stammen, denn Sie streben nach Klarheit, guter Organisation, Struktur und Stabilität?

12. **Rache:** Konkurrenz, Kampf, Aggressivität, Vergeltung bestimmen Ihr Verhalten?

13. **Ruhe:** Entspannung und emotionale Sicherheit sind für Sie von besonderem Wert?

14. **Sparen:** Materielle Güter und Eigentum sind für Sie wichtig. Oder leben Sie eher von der Hand in den Mund und geben auch aus, was Sie verdient haben?

15. **Status:** Ihr Auto, Stil, Verhalten drängt nach öffentlicher Aufmerksamkeit?

16. **Unabhängigkeit:** Wie wichtig ist Ihnen die Wahrung Ihrer Freiheit, Autarkie und Selbstgenügsamkeit?

Welche Schlussfolgerungen können aus der jeweiligen Tendenz, die Sie festgestellt haben, gezogen werden? Wenn Sie Ihre Motive kennen, können Sie mit ziemlicher Sicherheit vorhersagen, wie Sie sich in verschiedenen Situationen verhalten werden.

3.3.6 Wie alles zusammenhängt: unsere Einstellung

Die Einstellung eines Menschen resultiert aus dem Zusammenspiel von Moral, Glaubenssätzen und Werten. Das Zusammenspiel aller Erfahrungen, Vorannahmen und Wertigkeiten bestimmt, wie Sie handeln oder wie Sie eben nicht handeln und Dinge aufschieben. Die Prägung beginnt schon im Mutterleib und setzt sich umso intensiver nach der Geburt fort. Alle Menschen um uns herum, unsere Umwelt, Familie, Freunde und Bekannte wirken auf uns ein, beginnend mit der Geburt, über die Kleinkindphase bis hin zur Pubertät. Ohne einen Filter saugt der junge Mensch alles auf wie bei einem Schwamm. Entscheidend ist dabei, dass ein Kind nicht in der Lage ist zu entscheiden, was richtig und was falsch ist. So nachzuvollziehen in einer Familienszene: Das Kind sieht, wie ein Elternteil gewohnheitsmäßig Alkohol trinkt und nimmt dies als Normalzustand an, ohne zu wissen, dass es falsch ist. Wäre es falsch, so die kindliche Annahme, würde es das Elternteil nicht tun. Andere negative Beispiele sind Rauchen, Drogen nehmen etc. Indem es die Eltern, ob nun Vater oder Mutter vorleben, sind sie „Vor-Bild" des Kindes und dies nicht zwangsläufig im positiven Sinne. Das Kind wird es dennoch seinem „Vor-Bild" nachahmen.

Das Kind kennt es nicht anders und weiß daher auch nicht, den Maßstab von richtig und falsch anzulegen. Diese sprichwörtliche „Saugphase" ist im Alter von 7 bis 10 Jahren abgeschlossen, der Schwamm wird weniger aufnahmefähig und geht über in seine Ausprobierphase, die Pubertät. Was in der pubertären Phase alles passiert und möglich ist, wissen Sie entweder von Ihren eigenen Kindern oder im Zweifelsfall noch aus Ihrer eigenen Jugend, wenn Sie es nicht schon verdrängt haben. Das heißt also, mit 7 bis 10 Jahren ist die Einstellung eines Menschen zu 90 Prozent festgeschrieben und nur sehr schwer zu verändern. Die restlichen

10 Prozent werden in der Pubertät geformt. Lernfähig sind Sie ein Leben lang, bis Sie in die Kiste hüpfen. Aber ob Sie dies umsetzen, entscheiden Sie selbst und auch nur in dem Moment, wo Sie feststellen, dass Sie nie so werden wollten, aber schon längst so handeln.

Nun sind wir gänzlich ins menschliche Bewusstsein und noch viel tiefer ins Unterbewusstsein vorgedrungen. Alles zusammen muss Ihnen wie ein bunter Blumenstrauß tausender Farben, Gerüche und Formen vorkommen. All dies hängt hoch komplex zusammen und macht es deshalb auch so schwierig, dem Problem des Aufschiebens beizukommen. Ich möchte mit dieser Vielzahl von Hintergrundinformationen keine Verwirrung stiften, Sie können mir glauben, dass ich mich auf das Wesentliche beschränkt habe. Ich betone damit noch einmal: Aufschieberitis ist kein banales Problem, welches sich durch undifferenzierte Tipps und Ratschläge beheben ließe. Auch wenn man eine vollständige Beschreibung des individuellen Gehirns vorlegen würde, dann wäre eine Vorhersage über das Verhalten einer bestimmten Person nur eingeschränkt möglich. Denn einzelne Gehirne organisieren sich aufgrund genetischer Unterschiede und Prägungsvorgänge durch Umwelteinflüsse selbst – und zwar auf sehr unterschiedliche Weise, indem sie individuellen Bedürfnissen und einem individuellen Wertesystem folgen.

Viel entscheidender ist indes, ob Ihnen die Dinge bewusst sind oder nicht. Das Zusammenspiel von Be- und Unterbewusstsein spiegelt vielmehr Ihr Selbst wider, wer Sie sind, wie Sie geprägt worden sind, wie Ihre Denkmuster gestrickt werden und zu welchen Handlungen Sie tendieren.

Ein ganz einfaches Beispiel dazu: Sie sind beruflich im Vertrieb tätig, denken aber gleichzeitig unbewusst, dass alle Verkäufer Abzocker sind, weil Ihr Glaubenssatz Ihnen das sagt. Sei es, weil Sie selbst schon einmal eine solche Erfahrung gemacht haben oder weil Ihnen jemand anderes davon erzählt hat, wie ihn ein Verkäufer über's Ohr gehauen hat. Das hieße, Sie selbst sehen sich unbewusst auch als Abzocker, Ihre Moral sagt Ihnen aber, dass Sie so nicht sein möchten. Sie sind gedanklich in einem Zwiespalt, der Sie nicht 100 Prozent Ihrer Leistung abrufen lässt. Sie fahren auf Sparflamme und verschieben im schlimmsten Fall wichtige Termine, machen Verluste und sind mit sich und der Welt unzufrieden. Innerlich haben Sie mit Ihrem Beruf abgeschlossen und quälen sich dennoch Tag für Tag an den Arbeitsplatz.

Nehmen wir nun an, Ihnen sind all diese Dinge bewusst bzw. Sie meinen, dass sie Ihnen bewusst sind. Ihr Bewusstsein schafft dabei Ihre Wirklichkeit der Dinge, d.h. Ihre Annahme, wie die Dinge sind und wie Sie sie für wahr halten – Sie merken, ich zeige hier nur eine Möglichkeit auf. Und das nicht ohne Hintergedanken. Ihre Wirklichkeit ist in der Tat nur die Ihre, d.h. sie ist vollkommen subjektiv und spiegelt Ihre Sicht der Dinge wider. Sie werden sich fragen, was dann wirklich ist, wenn ich mit Wirklichkeit nicht das Gegenteil von dem meine, was Traum oder Einbildung ist. Was nicht in Ihrer Fantasie ist, muss Wirklichkeit sein, oder?

Ihre Wirklichkeit ist nicht die Realität!

Möglichst objektiv betrachtet, sind Wirklichkeit und Realität zwei verschiedene Paar Schuhe, die Realität spiegelt eine objektive Tatsache wider. Die Wirklichkeit hingegen ist nur die subjektive Tatsache, wie sie ein Einzelner sieht.

Aus diesem Grund kann Ihre eigene Wirklichkeit der Realität entsprechen, muss es aber nicht, sie kann sogar in direktem Widerspruch dazu stehen. Mit dieser Behauptung stellt sich dem einen oder anderen sicherlich die Frage, ob es dann eigentlich eine

Realität geben kann, da wir alles immer aus subjektiver, individueller Sicht wahrnehmen. Ihre subjektive Wahrnehmung ist in hohem Maße von Ihren Überzeugungen und Einschätzungen abhängig. Sie ist also eingefärbt, als würden Sie alles durch eine Brille sehen, die zudem den Filter von Werten, Glaubenssätzen und Moral hat. Das ist der klassische Fotoapparat-Effekt: Unser Gehirn funktioniert wie ein Fotoapparat. Bei einem Fotoapparat kann man einstellen, ob man den Modus „Weitwinkel" oder „Porträt" wählt, ob Video oder Film, ob nah oder fern usw. Je nachdem, was eingestellt ist, kommt dies im Endeffekt dabei heraus. Genauso ist es beim Gehirn: Je nachdem wie Sie eingestellt sind, nehmen Sie die Welt da draußen war. Was sieht eine Frau plötzlich auf der Straße, wenn sie beim Arzt erfährt, dass sie schwanger ist? Nur noch Schwangere und alles rund um das Thema Babys.

Somit sind nicht nur Realität und Wirklichkeit zwei Paar Schuhe, auch die Wirklichkeiten zweier Personen können völlig konträr sein. Die verschiedenen Blickwinkel, aus denen Wirklichkeit betrachtet wird, führen dazu, dass unter Umständen gänzlich unterschiedliche Wirklichkeiten existieren. Soll heißen, meine Wirklichkeit ist nicht Ihre Wirklichkeit und genauso wenig andersherum. Das ist wie mit einem Rezept, das bei jedem Koch wiederum anders schmeckt. Selbst die Klöße meiner Mutter schmecken jedes Mal anders, obwohl sie sie immer nach ein und demselben Rezept macht. Dennoch sind es die besten Klöße der Welt – für jeden anderen wiederum sind die Klöße der eigenen Mutter die Besten.

Die eigene Wirklichkeit ist lediglich, was man selbst sieht. Jeder Einzelne setzt seinen ganz persönlichen, individuellen Fokus, außerhalb dessen andere Dinge ausgeblendet werden oder nur verschwommen am Rande des Seh- und Wahrnehmungsfeldes erscheinen. Dabei prasseln Dinge von außen ungefiltert auf uns ein. Diese Dinge gehen selbstverständlich nicht einfach spurlos an uns vorbei, im Gegenteil, sie wirken auf uns ein und das meist intensiver als wir glauben und hoffen. Die Filter entscheiden lediglich, was weiter zu unserem Bewusstsein durchdringt. Einem Kind würde ich jetzt erklären: 80 Prozent deines Gehirns schlafen. Nun überlegen Sie mal, was Sie den ganzen Tag machen! Um zu verstehen, warum wir gerade durch diese Linse die Wirklichkeit betrachten und warum Sie unser Blickfeld derart einschränkt, stellen wir uns noch einmal das leere weiße Blatt Papier vor. Dies wird im Laufe Ihres Lebens beschrieben. Ihr Umfeld ist federführend und schreibt Ihnen Ihre Glaubenssätze so fest ein, dass sie als nahezu unwiderruflich erscheinen. Viele der festgeschriebenen Glaubenssätze haben für uns den Stellenwert von unverrückbaren Tatsachen, ebenso wie unsere moralischen Vorstellungen, unsere Werte und das, was unser Gehirn aus dem Wahrgenommenen herausfiltert. Wir sehen also nur, was wir sehen wollen bzw. können und das ist, was uns unsere Denkmuster vorgeben.

3.4 Denken ist das eine, Gefühle sind das andere

Wenn Sie nun meinen, dass allein die Vorgänge in Ihrem Kopf das mögliche Durcheinander in Ihrer Motivationsschleife stiften und ein Knäuel aus all Ihren Zielen machen, die Sie nur deshalb nicht erreichen, dann haben Sie sich gehörig geirrt: Denn Ihr Denken ist das eine, Ihr Gefühl das andere und zugleich auch schwerwiegendere.

Das Gefühl ist ein ständiger Begleiter der Vernunft. Sie handeln aus dem Bauch heraus und nicht, weil Sie von einer Sache überzeugt sind? Bauchentscheidungen treffen Sie nicht nach rationalen Erwägungen, sondern allein nach dem Gefühl. Instinktiv tendieren wir dabei oft dazu, das Richtige zu tun, wohingegen sorgfältig abgewogene und mehrfach durchdachte Entscheidungen gehörig schiefgehen können. Sie denken indes, Sie sind ein Verstandsmensch und müssen nur wollen, dass eine Entscheidung umgesetzt wird? Zugegebenermaßen haben Sie manchmal Schwierigkeiten, sich zu Dingen durchzuringen, weil Sie im Grunde wissen, dass Sie sich nur einen Ruck geben müssen? Falsch gedacht!

Dies ist ein Irrglaube, denn Verstand und Intellekt haben an und für sich genommen keine wirklich ausschlaggebende Verhaltensrelevanz – ausschlaggebend ist das Gefühl! Im Gehirn werden Handlungen geplant. Diese Planung erfolgt in Regionen, für die der Verstand zuständig ist, ob es umgesetzt wird, das entscheidet zu 80 % unser Gefühl. Die Ausführung wird demnach von unseren Gefühlen gesteuert und hinter jedem Gefühl steckt ein Grund, der sich aus Werten und Glaubenssätzen speist.

3.4.1 Gefühle

Sie hatten da so ein Gefühl bei der einen oder anderen Sache? Sie sind einfach Ihrem Bauch gefolgt, der Ihnen wohl schon instinktiv die richtige Richtung zeigen wird? Doch wie beschreibt man eigentlich ein Gefühl? Ein guter Fußballer zum Beispiel hat ein besonders gutes Ballgefühl. Dieses Ballgefühl basiert auf Erfahrungen, die er am und mit dem Ball gesammelt hat. Er weiß, wie sich der Ball verhält und weiß ebenso, was er tun muss, damit sich dieser anders verhält. Das Gefühl beruht auf Erfahrungen oder Prägungen und dient uns als Orientierungshilfe, um Handlungen zu steuern. Gefühle können entweder angenehm oder unangenehm sein, in jeden Fall sollen sie dafür sorgen, dass wir der Situation angemessen handeln. In Gefühlen sind Erfahrungen gespeichert. Aus diesem Grund fällt es dem Menschen auch besonders schwer, entgegen seinem Gefühl zu handeln – dann würde er nämlich gegen seine Gewissheiten handeln.

Im Handlungsrepertoire des Menschen sind weniger Aktionen geplant oder durchdacht als Sie denken, der Mensch handelt oft, ohne darüber nachzudenken. Wir sprechen hier von Affekthandlungen, die wiederum durch Emotionen ausgelöst werden. Sie können getrost davon ausgehen, dass Sie bei weitem kein reiner Verstandesmensch sind. Das Zusammenspiel von Gedanken und Gefühlen ist untrennbar miteinander verbunden.

Wofür ist diese Einsicht nun von Nutzen, glauben wir Menschen doch, durch unsere Verstandeskraft den Tieren überlegen zu sein.

Wenn Gedanken durch Gefühle beeinflusst werden, inwieweit ist der Mensch dann noch in der Lage, rational zu handeln?

Ein ganz simples Szenario, das Sie kennen dürften: Sie wollen einen kühlen Kopf bewahren und dann das: Prüfungsstress! Feuchte Hände, Herzrasen, Gedankenchaos und alle Klarheit und Struktur in Ihrem Kopf scheint mit einem Mal dahin. Einen Computer könnten Sie in dem Moment runterfahren, kurz abkühlen lassen und dann wieder ganz normal starten, bei Ihnen selbst funktioniert das leider nicht so leicht. Warum fällt es uns nur so schwer, manche Dinge einfach nüchtern abzuwägen? Hemmen Gefühle das Denken? Sind Computer bessere Menschen, weil sie rein rational ihre Ergebnisse liefern?

Was uns in manchen Lebenslagen äußerst lästig erscheint, ist in anderen wiederum gänzlich unentbehrlich. Im Bereich der zwischenmenschlichen Beziehungen sind weniger möglichst rational getroffene Entscheidungen gefragt als ein von Herzen kommendes Gefühl. Menschliche Emotionen wie echte Freude oder auch Angst sind unentbehrlich im menschlichen Gefüge. Der Mensch ist nicht nur vernunft-, sondern auch emotionsgesteuert und gerade deshalb nicht durch Computer zu ersetzen, denn 80 Prozent unserer Entscheidungen basieren auf Gefühlen.

3.4.2 Heißt es also „Ich fühle, also bin ich"?

Wir können zunächst festhalten, dass ein bloßer Appell an die in unserem Hirn wohnende Vernunft, „Hintern hoch und Beine in die Hand genommen", herzlich wenig bewirkt, wenn wir etwas in die Tat umsetzen wollen, da die Dinge viel komplexer zusammenhängen. Das Grundproblem der Aufschieberitis besteht nicht darin, dass Sie einfach nur wollen müssen. Es geht um das Verständnis des eigenen Denkens und vor allem Fühlens, aber auch darum, sich Unbewusstes bewusst zu machen, um Einfluss darauf ausüben zu können.

Was hat nun Fühlen mit Denken zu tun? Während das Denken weniger das beeinflusst, was wir fühlen, nehmen Gefühle weitaus mehr Einfluss darauf, was wir denken – das sollten Sie sich wieder und wieder durchlesen! Es werden alle Erfahrungen, die wir im Laufe des Lebens sammeln, mit positiven und negativen Gefühlen verknüpft. Viele Erlebnisse liegen dabei so tief im Gehirn, dass wir uns schon gar nicht mehr bewusst daran erinnern können. Gefühle dienen also dazu, ein Wertesystem aufzubauen. Dieses basiert auf Belohnungs- und Bestrafungserfahrungen. Unser Hirn ist auf den eigenen, persönlichen Vorteil gepolt, d.h. darauf, die eigene Lust oder auch den eigenen Gewinn zu maximieren. Die dabei ablaufenden Aktivitäten passieren im Gehirn, genaugenommen im Limbischen System. Dieses gibt den Rahmen, in dem Verstand und Vernunft arbeiten. Das Denkzentrum des Menschen ist also nicht reine Kopfsache, sondern auch hier spielen Gefühle eine Rolle. Das limbische System ist dabei das Zentrum der Gefühle.

Das Limbische System bewertet, was gut und lustvoll, d.h. was erstrebenswert ist. Es ist also das Belohnungssystem in unserem Gehirn, welches entsprechend der verfügbaren Erfahrungen zunächst immer die Situation bewertet und dann ein Gefühl als Ausdruck dessen sendet. Ihr Belohnungssystem zeigt Ihnen auch an, was schlecht und demnach zu vermeiden ist.

Sie merken also, dass sich bei der einen oder anderen Sache, die Sie in Angriff nehmen wollen, Unbehagen breitmacht. Das beeinflusst maßgeblich Ihre Handlungsentscheidung, denn alle Entscheidungen, die sie schon einmal getroffen haben, sind gespeichert mit allen angenehmen wie misslichen Folgen. Wenn das Gehirn meldet, dass keine Belohnungserfahrung in Aussicht ist, an der Sie sich festhalten könnten, dann liegt es an den möglicherweise negativen Folgen, da die Sache vielleicht schon beim letzten Mal nicht gelungen ist. So wie das

Belohnungssystem Entscheidungen befördert oder verhindert, so ist das Belohnungssystem dazu da, uns anzutreiben, Gutes zu wiederholen und Schlechtes zu vermeiden. Wenn unser Belohnungssystem durch Reize von außen angeregt wird, handeln wir instinktiv und meist ohne, dass wir unsere Vernunft einschalten können. Die Krux an der Sache ist, dass das System leider recht kurzfristig denkt, dabei vor allem die schnell zu erreichenden Erfolge sieht und gegen längerfristige Pläne votiert. Hier liegt der Stein des Anstoßes, lassen Sie ihn uns nachher noch einmal aufgreifen, wenn wir zu den Rezepten kommen. Wichtig ist in jedem Fall, zu wissen, was uns unser Bauchgefühl sagen möchte, um das Zusammenspiel von Kopf und Bauch erfolgreich zu gestalten.

Gefühle steuern nicht nur unsere eigenen Entscheidungen, sie dienen auch der Orientierung im Umgang mit anderen, da wir die Gefühle des Gegenübers wahrnehmen, deuten und daraus Intentionen ableiten – ebenso wie andersherum. So sieht uns unser Gegenüber so, wie er uns wahrnimmt und deutet. Nur wie möchten wir, dass er oder sie uns sieht? Wie sehen wir uns selbst und ist es ok, wie uns andere sehen? Sie merken schon, gänzlich egal ist es uns nicht, welches Bild andere von uns haben. Unser Bemühen orientiert sich am eigenen Selbstbild, welches sich im

Normalfall an unserem persönlichen Idealbild orientiert. Im Umkehrschluss bedeutet das: Wir Menschen sind von Natur aus bemüht, dass andere, aber vor allem wir selbst ein Bild von uns haben, das unserem idealen Selbstbild entspricht. Mit diesem positiven Bild verbinden wir soziale Anerkennung, was wiederum dazu führt, dass wir uns sozial eingebunden und wertgeschätzt fühlen. Das meint also, dass wir okay sind, so wie wir sind wenn wir uns selbst akzeptieren – andere tun das ebenso.

Nun könnte man meinen, dass alles ganz einfach wäre, wenn man stets bemüht ist, sich von seiner besten Seite zu zeigen, schließlich orientieren wir uns an unseren idealen Vorstellungen von uns selbst im Hinblick auf unsere Werte, unsere Glaubenssätze und unsere moralischen Überzeugungen. Müssten Sie sich selbst beschreiben, so würden Sie z.B. meinen, Sie seien ein guter Zuhörer. Ganz so ist es meist dann leider doch nicht. So fallen Sie, statt aufmerksam zuzuhören, anderen ständig ins Wort und lassen sie nicht ausreden. Woher kommt dann diese Einschätzung? Kennen wir uns selbst nicht wirklich? Lügen uns andere an, wenn sie Feedback geben oder machen wir uns selbst etwas vor? Es kommt daher, dass unser Selbstbild sich meist von unserem tatsächlichen Handeln unterscheidet. Die meisten Prozesse, die uns Entscheidungen treffen lassen, laufen unbewusst ab. Sie wollen mit dem Rauchen aufhören und meinen, willensstark genug zu sein, bis Sie dann doch wieder zur Zigarette gegriffen haben. Sie erinnern sich an Ihr Belohnungssystem? Der Drang nach einem kurzfristig guten Gefühl ist meist stärker als der Wille, eine geliebte Gewohnheit aufzugeben.

3.5 Die Macht der Gedanken

Was ist nun aber mit den Entscheidungen, die Sie ganz bewusst getroffen haben? Denken Sie sich eine Situation, in der Sie so lange über eine Entscheidung für oder dagegen nachgedacht haben, dass Sie letztendlich vollkommen davon überzeugt waren, die eine richtige Lösung für sich gefunden zu haben. Und dann kann es passieren, dass Sie feststellen, dass die Entscheidung trotz des vielen Nachdenkens nicht die richtige war. Hilft alles Denken nichts? Eigentlich hat Sie nicht das Gefühl geleitet, sondern das rationale Abwägen von Für und Wider: Sie meinen, die Macht der Gedanken hätte Ihnen zur Entscheidung verholfen, wie Sie meinen? Leider nein, es war das Gefühl von falsch und richtig und den eventuellen Auswirkungen.

In vielen Situationen ist sorgfältiges Überlegen ratsam, wenn Sie z.B. eine große Anschaffung planen oder einen anderen wichtigen Schritt in Ihrem Leben tun möchten. Da Sie im Laufe Ihres Lebens aber so viele Erfahrungen sammeln, die alle in Ihrem Gedächtnis gespeichert sind, können Sie im Grunde nie unvoreingenommen in eine Situation hineingehen. Das hieße nämlich, dass Sie Ihr Gehirn komplett ausschalten müssten, um nicht durch Ihre Gefühle beeinflusst zu werden. Jeder Einzelne von uns entwickelt eigene Vorstellungen vom Leben. Mit diesen Wertvorstellungen verbunden sind Wahrheiten, von denen wir meinen, dass sie wahr sind und von denen wir überzeugt sind. Diese persönliche Wirklichkeit, also auch Vorurteile und Meinungen, prägen uns und unser Denken, Fühlen und Handeln.

Sie können demnach ganz bewusst planen und beispielsweise bewusst abnehmen, Sie können umweltbewusst, modebewusst und körperbewusst sein. Sie können überhaupt bewusst leben – gewusst wie! Und dann haben Sie doch zur Schokoladentafel gegriffen, den Sport ausfallen lassen, viel zu teure Schuhe gekauft und … und … und. Heißt es nun im Umkehrschluss: Hilft alles Denken nichts? Doch. Sie können Ihr Denken weitaus mehr beeinflussen, als Sie auf Ihre Gefühle Einfluss nehmen können.

Indem Sie Ihr Denken ändern, können Sie auch Ihre Gefühle ändern.

Das Klassische „sich etwas vormachen" ist ein gutes Beispiel. Sie reden sich ein, den Richtigen gefunden zu haben, doch unbewusst merken Sie, dass es nicht so ist. Ihr Körper spiegelt Ihnen das wider, indem er sich wehrt. Das tut er auf unterschiedlichste Art, es kann ein komisches Gefühl sein, ein Unbehagen, das Sie jedoch versuchen auszublenden und zu verdrängen. Manchmal werden Sie auch physisch krank, seien es Kopfschmerzen, eine Grippe, ständige Erkältungen oder noch Schlimmeres. Nicht umsonst schlägt Ihnen redensartlich etwas auf den Magen, Sie haben die Nase voll oder es kommt Ihnen die Galle hoch.

Wie unser Gefühl unser Handeln beeinflusst
Wenn wir doch so leicht abwägen können, dann frage ich Sie, wieso jeder Zweite mindestens einmal im Leben seinen Partner betrügt?

Warum zieht es uns so manches Mal nachts zum Kühlschrank, weil uns die Lust zu essen überfällt?

Warum sind wir manchmal derart dem Alkohol zugetan, obwohl uns hinterher der Kopf wegzufliegen scheint und es uns schlecht geht – wissen wir doch aus Erfahrung, was übermäßiger Alkoholgenuss mit unserem Körper anrichtet?

Warum verschulden sich immer mehr Menschen in Krediten, obgleich sie wissen, dass sie Geld ausgeben, das sie im Moment nicht haben?

Sie merken, die Liste der menschlichen Laster ist lang und könnte an dieser Stelle wahrscheinlich endlos fortgesetzt werden. Mindestens eine der gerade genannten Fragen werden Sie sich mit Sicherheit auch schon einmal in Ihrem Leben gestellt haben. Wenn wir über die eine oder andere Antwort nachdenken und reflektieren, müssen wir uns berechtigterweise fragen, warum wir wider besseres Wissen und Vernunft so gehandelt haben? Die Erkenntnis ist einfach: Der Mensch ist eben kein reines Vernunftwesen. Er ist stets und ständig auch ein Gefühlsmensch, der eine mehr, der andere weniger. Eine klare Trennung von Gefühl und Vernunft, von Körper und Geist ist in keinem Fall möglich.

Warum tun wir vieles, obwohl wir wissen, dass es schlecht ist? Und wieso tun wir anderes nicht, obwohl wir wissen, dass es gut bzw. wichtig ist? Wenn wir von *wissen* sprechen, könnten wir auch sagen, dass wir uns bewusst sind, dass dies oder jenes gut oder schlecht ist. In unserem Bewusstsein, unseren Gedanken, erinnern wir uns, denken, planen und handeln. Nehmen wir an, wir sehen einen Schokoriegel im Supermarktregal liegen, der einen Reiz in uns auslöst. Infolge der Verarbeitung wollen wir automatisch zugreifen – Sie erinnern sich, das Belohnungssystem schaltet sich ein, weil wir wissen, der Riegel schmeckt gut und wir werden mit einem echten Geschmackserlebnis belohnt. Schaltet sich aber zusätzlich unser Bewusstsein ein, dass der Riegel gleichzeitig dick macht, weil er viel zu viel Zucker enthält, unterlassen wir bewusst den Griff ins Süßigkeitenregal. Im Bewusstsein, dass in der Süßwarenabteilung des Supermarkts nur ungesunde Versuchungen lauern, machen wir vielleicht gleich einen Bogen darum.

Manchmal ertappen wir uns dennoch beim Zugreifen und merken erst beim Verzehr, was man hätte sein lassen sollen. Genauso passiert es uns mit anderen Dingen: Sie sehen jeden Tag den Stapel Rechnungen, Briefe und andere Zettel auf Ihrem Schreibtisch und obwohl Sie wissen müssten, dass der Stapel allein vom Ansehen nicht kleiner wird, verschieben Sie das Aufräumen Tag für Tag. Das Limbische System sendet unbewusst ein Signal, dass Aufräumen eine unangenehme Sache ist, die mit negativen Gefühlen verbunden ist. Im vermeintlichen

Bewusstsein, dass Aufräumen notwendig ist, unterlassen wir es letztendlich doch, tatsächlich zur Tat zu schreiten – sich auszuruhen oder sich mit Freunden zu treffen verschafft ein viel angenehmeres Gefühl und außerdem haben Sie schon den ganzen Tag gearbeitet.

3.5.1 Selbsterfüllende Prophezeiung

Wenn Sie morgens aus dem Fenster schauen und denken, es wird ein bescheidener Tag, was wird es dann? Genau …! Erinnern Sie sich an den Lichtkegel: Das für Sie bewusst Wahrnehmbare ist der Ausschnitt, den Ihre Taschenlampe Ihnen hell und deutlich vor

Augen hält. Und Sie sehen sich darin bestätigt, dass das, von dem Sie meinen, dass es wahr ist, zumeist eintritt. Sie meinen also, vom Pech verfolgt zu sein und dann tritt tatsächlich eine Reihe von Unglücksfällen ein, die Sie in ihrer festen Annahme bestätigen.

Oder Sie fühlen sich krank und bekommen ein Medikament verschrieben, von dem es heißt, es habe unzählige Nebenwirkungen und siehe da, alle Nebenwirkungen, die Sie dem Beipackzettel entnehmen, treten nach und nach bei Ihnen auf.
Von Beruf sind Sie Verkäufer und erleben gerade einen wirtschaftlichen Abschwung. Sie gehen davon aus, dass die Leute sparen und sich im Moment nichts leisten. Sollte sich doch jemand in Ihr Geschäft verirren, wird der Kunde das auch gleich zu spüren bekommen und Sie fühlen sich in Ihrer Annahme bestätigt, ganz nach dem Motto: „Habe ich's doch gleich gewusst!".

Sie sind seit langem Single, obwohl Sie sich nichts sehnlicher wünschen als einen Partner an Ihrer Seite. Und zu allem Übel meinen Sie auch, beim anderen oder gleichen Geschlecht keine Chance zu haben Ausgehen ist aber nichts für Sie, in Bars treffe man ja eh nicht den oder die Richtige(n), der Nachbar, der Sie immer so nett anlächelt, passt Ihnen optisch nicht ins Bild und, und, und …

All das, was Sie meinen, tritt in der Tat über kurz oder lang auch ein und das nicht, weil Sie hellseherische Fähigkeiten haben! Dieses Phänomen gibt es tatsächlich und vielleicht kennen Sie es auch unter dem Namen: die selbsterfüllende Prophezeiung. Sie ist wissenschaftlich erforscht und kann sich im negativen wie im positiven Sinn auswirken. Bei dem wissenschaftlichen Experiment hat man Lehrer glauben gemacht, dass sie hochbegabte Schüler unterrichten. Bei diesen Schülern haben sie am Ende tatsächlich bessere Leistungen abrufen können. Das alles hat nichts mit Vorhersicht zu tun, sondern mit unserer Wahrnehmung der Wirklichkeit: Denn wir nehmen die Dinge nur auszugsweise wahr. Unsere Wahrnehmungen, Vorstellungen und Erwartungen haben dabei weitreichende Bedeutung für unser Handeln.

Wenn Sie meinen, bei anderen nicht gut anzukommen, dann benehmen Sie sich auch so. Entweder verkriechen Sie sich gleich in Ihr Schneckenhaus. Zeigt dann jemand tatsächlich Interesse an Ihnen, dann sehen Sie dies nicht oder zweifeln daran, dass er es tatsächlich ernst meint und lassen ihn oder sie abblitzen. Wenn Sie aber eine positive Erwartungshaltung gegenüber anderen einnehmen, spüren diese das auch. Einem Kunden beispielsweise begegnen Sie ganz anders, wenn Sie überzeugt davon sind, dass heute z.B. ein toller Tag zum Einkaufen ist, Sie tolle Produkte haben oder einfach wirklich ein guter Verkäufer sind. Ihr Denken bestimmt Ihre Handlungsrichtung, also Blick aus dem Fenster und es kann immer nur besser werden!

3.5.2 Positives und negatives Denken

Erinnern Sie sich an das Vorwort von Katja Schülke: Denken heißt nicht nur optimistisch zu sein, sondern auch zu wissen, dass es in jedem Fall weitergeht – also wieder aufzustehen, auch wenn man hingefallen ist. Wer daran glaubt, dass ihm eine Sache gelingt, der schafft es in den meisten Fällen auch. Und selbst wenn nicht, dann ist das kein Grund zum Verzweifeln, sondern nur der Anstoß, es beim nächsten Mal einfach noch besser zu machen. Zweifler, Nörgler und Pessimisten hingegen misslingt zumeist auch, was sie sich vornehmen. Zumindest erscheint es ihnen so, weil ihre Wahrnehmung und somit auch ihre Wirklichkeit negativ geprägt sind.

Mit Ihrer Denkweise verhält es sich wie mit einem Magneten, um es mal ganz bildlich zu formulieren. Positiv denkende Menschen orientieren sich an ebenfalls positiv eingestellten Menschen, wohingegen negativ Eingestellte sich gern mit Gleichgesinnten umgeben, um sich gegenseitig zu bemitleiden und gemeinsam zu jammern.

Wir orientieren uns häufig an anderen und ziehen aus unseren Beobachtungen Rückschlüsse auf das eigene Leistungsspektrum sowie die eigene Leistungsfähigkeit. So meinen manche, auch nur so gut sein zu können, wie es der andere von ihnen denkt. Bei anderen wiederum wirkt es als Ansporn, wenn sie unterschätzt werden. Gibt es Ihnen zusätzliche Motivation, wenn andere meinen, dass Sie nicht schaffen, was Sie sich vorgenommen haben oder zieht es Sie noch mehr runter?

Bedenken zu tragen, kann im Zweifelsfall nicht schlecht sein, nur dürfen Sie gesunde Selbstkritik nicht mit notorischen Selbstzweifeln verwechseln. Negative Gedanken pflanzen sich fort und wer meint, nichts zu schaffen, sieht auch nur das Schlechte, was ihn unsere imaginäre Taschenlampe als Ausschnitt seiner Wirklichkeit sehen lässt. Die innere Stimme, die Sie zögern und zweifeln lässt, achtet viel zu sehr darauf, was die anderen sagen oder meinen könnten.

Stets und überall positiv denken?!

Niemand ist immer gut gelaunt und in jedem Falle optimistisch – das würde auch an gnadenloser Selbstüberschätzung grenzen. Indes haben eine gesunde Portion Optimismus und Lebensfreude noch niemandem geschadet. Und wenn Sie sich an etwas orientieren, dann doch bitte daran! Chronische Missstimmung tut niemandem gut. Das gilt nicht nur für Sie, sondern auch für Ihr Umfeld. Positiv denken ist dabei jedoch nicht automatisch mit positiven Resultaten und Erfolg gleichzusetzen. Es soll auch nicht heißen, dass Sie mit einer alles bejahenden Grundeinstellung durch's Leben laufen sollen. Seien Sie kritisch, aber seien Sie auch objektiv. Wichtig ist, was Sie selbst von sich halten und was Sie sich zutrauen. Sie selbst bestimmen, wie Ihre Mitmenschen Sie sehen. Haben Sie ein positives Bild von sich, dann spiegeln Sie dies Ihrer Umwelt wider und auch die anderen werden ein positives Bild von Ihnen haben. Haben Sie selbst Zweifel an sich oder meinen, maximal mit Glück gelingen Ihnen die Dinge, die Sie sich vornehmen, dann wird Ihr Gegenüber die gleichen Zweifel an Ihnen und Ihrem Leistungsvermögen hegen. Rücken Sie also in Ihr Bewusstsein, wer Sie sind und was Sie können.

Alles durch die rosarote Brille zu sehen, hilft dabei genauso wenig, wie immer alles schwarzzumalen. Es gibt Erfolgserlebnisse und es gibt Misserfolge, genauso wie es Freude, aber auch Wut und Trauer gibt.

Positiv denken heißt vielmehr, sich dessen bewusst zu sein, dass es immer zwei Seiten einer Medaille gibt und zu wissen, wer man ist, was man will, was man kann und wohin man möchte. Negative Gefühle auszublenden ist in dem Maße gefährlich, als dass sie einen später umso stärker einholen können. Sich bewusst zu machen, dass es immer weitergeht und nicht in eine negative Grundstimmung zu verfallen, das ist Ihre Aufgabe. Denken Sie also einmal nach und überlegen Sie sich, was das Positive selbst am Negativen ist.

3.6 Schuld haben alle anderen

Hätte, wäre, wenn … Wer ständig mit seinem Schicksal hadert, der macht auch meist andere dafür verantwortlich. Mit einer negativen Einstellung scheinen Sie sich selbst das ideale Opfer von schlechten Umständen, schlechten Zeiten und zu allem Übel auch noch schlechtem Wetter zu sein. Die Schuld für Ihr

Misslingen tragen stets die anderen. Schuld sein und Schuld haben sind meist zwei ebenso verschiedene Paar Schuhe wie Ihre Wirklichkeit und die Realität. Sie sind schuld, aber Schuld haben immer die anderen?

Während der eine sich selbst verantwortlich macht, schreibt der andere Ursachen und Wirkung einer in seinem Umfeld stehenden Person oder Sache zu. Die einen machen das eigene Vermögen oder Unvermögen als Ursache für das Resultat ihres Handelns verantwortlich. Für sie steht fest: Sie ganz allein sind in der Lage, das Ergebnis ihrer Entscheidungen und Handlungen zu beeinflussen. Die anderen sehen den Grund ihres Scheiterns außerhalb ihrer Verantwortung.

Indes ist es im umgekehrten Fall meist auch so, dass Sie das positive Resultat Ihrer Handlung und Ihr eigenes Gelingen nicht Ihrem eigenen Vermögen zuschreiben. Wahrscheinlich stapeln Sie tief und meinen, Ihr Partner habe viel mehr gemacht oder, dem Schicksal sei Dank, Ihnen ist glücklicherweise Ihr Vorhaben gelungen. Oder besser gar keine Erwartungen hegen, um nicht enttäuscht zu werden. So gehen Sie auf Nummer sicher, nicht hinterher als Depp dazustehen, denn Sie haben ja gleich gesagt, dass das nichts wird. Denken Sie sich Jahrhunderte zurück, in denen die Götter für Wohl und Wehe des Menschen verantwortlich gemacht wurden, bis hin zu der Erkenntnis, dass Verantwortung sich nicht abwälzen lässt, sondern beim Menschen selbst liegt. Mit dieser Einsicht haben wir noch heute zu kämpfen, auch wenn sie längst als unumstößlich gilt.

3.6.1 Wenn Sie mal wieder einen Schuldigen suchen ...

Denken Sie sich zurück in Ihre Schulzeit, Sie halten die Klassenarbeit in Händen und darauf prangt in dicker roter Schrift eine glatte Fünf. Nun fragen Sie sich, wie es dazu kommen konnte. Die einen sagen sich, du warst zu schlecht vorbereitet, ziehe die Konsequenz daraus, dass du beim nächsten Mal mehr lernen und dich einfach besser vorbereiten musst. Sie aber finden viele Ausreden, der Lehrer ist schuld gewesen, die Aufgabenstellung war nicht exakt formuliert, es war zu heiß im Raum oder zu kalt und meine Mitschüler haben mich die ganze Zeit gestört.

Anderes Beispiel: Sie kommen zu einem wichtigen Termin zu spät – nicht etwa, weil Sie schon immer ein ziemlicher

Zuspätkommer waren bzw. alles auf den letzten Drücker gemacht haben. Nein, die Straßen waren verstopft, das Auto sprang nicht an, der Bus hatte Verspätung und Ihr Vorabtermin hat sich verzögert, darum sind Sie jetzt zu spät.

Zunächst einmal ist es ziemlich bequem, anderen die Schuld in die Schuhe zu schieben. Vielleicht kennen Sie es aber auch aus Ihrer Kindheit, weil Sie ständig selbst kritisiert wurden. Darum machen Sie es jetzt einfach andersherum und die anderen sind die Schuldigen und Sie das eigentliche Opfer. Um nicht als Schuldiger dazustehen, bedarf es immer guter Ausreden.

3.6.2 ... und wie Sie die passenden Ausreden dafür finden

Die Kreativität im Erfinden von Ausreden steigt mit zunehmender Aufschieberitis: Statt sich der Sache anzunehmen, werden Zeit und Mühen darauf verwendet, allen anderen und vor allem sich selbst weiszumachen, warum etwas nicht geht, nicht klappt oder gar nicht erst in Angriff genommen werden sollte.

Beliebte Ausreden:

… ich kann nicht, weil …

… die anderen haben aber …

… ich hatte nicht die Gelegenheit, um zu …

… ich bin aber ein Genießer.

… die Zeit war zu kurz.

… die Gesellschaft lässt es nicht zu.

… meine Frau/mein Mann sagt, ich soll …

… meine Frau/mein Mann will das nicht.

… ich musste vorher noch …

… ich bin zu spät, nur weil …

… der Bus hatte Verspätung.

… die Straße war durch zu viele Autofahrer verstopft.

… das bringt doch alles nichts!

… schuld ist mein Chef, weil er zu viele Aufgaben gibt.

… schuld ist mein Chef, weil er zu wenig lobt.

… schuld sind auch die Kollegen.

… es liegt an den Genen.

… Ihr vorangegangener Termin kam nicht zum Schluss.

… äußere Gegebenheiten haben Sie abgehalten!

Meine Umfrage auf Facebook ergab zudem weitere Ausreden:

… läuft ja nicht weg.

… ich muss meinen Fokus anders setzen.

… ich gebe dem Streben nach Freude den Vorzug.

… morgen ist auch noch ein Tag.

… alles eine Frage der Definition.

… es muss perfekt werden, jetzt fehlt mir allerdings die Zeit dazu.

… schon so lange her, dass ich vergessen habe, was es war.

… dafür bin ich jetzt zu müde.

… der Geist ist willig, doch das Fleisch ist schwach.

Alles in allem ist es immer dasselbe, es ist am einfachsten, allem anderen die Schuld zu geben. Wenn Sie nur jedes zweite Mal eine Ausrede finden würden, dann wären Sie schon ein wesentliches Stück weiter. Ihre Ausreden sind immer nur ein Vorwand, um den wahren Grund zu verstecken. Und die Ausrede hinter der Ausrede ist meist noch tiefsitzender. Wenn Sie es auf Ihren Kollegen schieben, dann haben Sie meist nicht alles für das Gelingen einer Sache gegeben. Alles spricht dafür, dass Sie die Verantwortung bewusst nicht übernehmen.

3.6.3 Schuld oder nicht schuld sein, das ist hier die Frage

Ich behaupte, die „Verantwortungslosen" werden irgendwann feststellen, dass das Abwälzen von Verantwortung die eigene Zufriedenheit zunehmend mindert und Sie stets unzufriedener werden, denn Sie können ihr persönliches Unglück nicht beeinflussen. Nun wird sich bei den meisten meiner aufmerksamen Leser heftiger Widerspruch regen, wenn ich sage, es macht Sie unzufrieden, wenn für Ihr Unglück nicht Sie selbst, sondern andere verantwortlich sind. Warum sollte es Sie unzufrieden machen, wenn Sie ihr eigenes Scheitern getrost jemand anderem in die Schuhe schieben können? Ist es doch viel einfacher, wenn Dinge misslingen, den jeweils anderen zum Schuldigen zu erklären.

Im ersten Moment scheint das Gewissen beruhigt, indem wir zu uns sagen, ich kann nichts dafür, für dieses Resultat sind andere verantwortlich. Oder auch: Das alles ist Schicksal. Meinen Sie wirklich? Ihr Scheitern ist höhere Fügung oder die Schuld anderer und damit müssen Sie sich abfinden? Bestenfalls hat Ihnen schon Ihr Horoskop angekündigt, dass Ihre Erfolgschancen aktuell gegen Null gehen, weil sich die Sterne gegen Sie verschworen haben. Plausibel klingt anders, da werden Sie mir recht geben. Wenn Sie sich bewusst wären, dass nicht irgendeine Sternenkonstellation oder zufällige Fügung über Erfolg oder Misserfolg entscheiden, dann würden Sie die Seite mit den Horoskopen getrost überblättern. Und Sie ergingen sich auch nicht in Rechtfertigungen durch Pech, Unglück oder wer auch immer Sie am Gelingen gehindert haben könnte bzw. Sie schon davon abgehalten hat, überhaupt erst aktiv zu werden.

Ich gehe einen Schritt weiter und frage Sie: Ist es nicht schrecklich demotivierend, zu glauben, dass Sie keinen Einfluss auf das eigene Gelingen und zugleich Misslingen haben? Zu denken, dass irgendjemand oder irgendetwas anderes in Ihrem Umfeld immer schuld ist? Sie müssten sich eingestehen, dass Sie nicht in der Lage waren, das Misslingen der eigenen Sache abzuwenden und Ihr Vorhaben zu einem guten Ende zu bringen: Meinen Sie nun auch, dass diese Erkenntnis Einfluss auf Ihr Selbstbild hat?

Oder sind Sie der Überzeugung, dass, wenn Ihnen etwas nicht gelingt, Sie keine Zweifel an sich hegen, denn das Leben geht ja schließlich weiter? Dann herzlichen Glückwunsch, Sie sind ein Stehaufmännchen, das kein Misserfolg zu Boden drückt. Sie sind unermüdlich und stets motiviert, Neues wie Altes in Angriff zu nehmen. Wenn dem so ist, legen Sie das Buch aus der Hand, denn meine Diagnose lautet: Sie sind beschwerdefrei und leiden nicht an Aufschieberitis. Ich hoffe, die Lektüre hat Sie gut unterhalten. Dennoch möchte ich Sie fragen, warum Sie mein Buch in die Hand genommen haben. Wahrscheinlich quält Sie doch von Zeit zu Zeit der innere Schweinehund und Ihre Motivation lässt zu wünschen übrig. Also doch weiter im Text oder gleich zu den

Rezepten für Ihren persönlichen Problembereich, die gegen latente Aufschieberitis helfen!

Machen wir einen Sprung und denken noch einmal an den Menschen als Gemeinschaftswesen. Was meinen Sie: Welchen Eindruck hinterlässt dieses „sich der Verantwortung entziehen" in Ihrem Umfeld? Die Auswirkungen lassen sich schon an einem ganz banalen Beispiel deutlich machen: Sie kommen stets und ständig zu spät und immer ist angeblich jemand anderes schuld: Der Bus hatte Verspätung, die Straße war durch zu viele Autofahrer verstopft oder ihr vorangegangener Termin kam nicht zum Schluss? Seien Sie ehrlich! Spätestens nach der dritten mehr oder weniger originellen Ausrede würden auch Sie abwinken und von einem weiteren Treffen absehen oder zumindest Ihrem Ärger über das ständige Zuspätkommen Luft machen. Und nicht nur die Tatsache, dass feste Uhrzeiten für Sie ein dehnbarer Zeitraum sind, sorgt für Verstimmung, auch der Umstand, dass Sie immer wieder meisterlich im Ausredenfinden sind, wird ihren Fauxpas kaum in einem besseren Licht dastehen lassen. Wäre es also nicht besser, sich und dem Gegenüber einzugestehen, dass der Fehler bei einem selbst liegt, weil man einfach zu spät losgegangen ist? Es würde das Ganze enorm verkürzen und Sie zudem gar nicht erst in Erklärungsnot bringen.

Wer sich stets aus der Verantwortung zieht, eckt früher oder später bei seinem sozialen Umfeld an. Nicht nur im Privaten, auch im Beruf werden Sie für die eigenen Entscheidungen und Handlungen zur Verantwortung gezogen und müssen dafür geradestehen, was Sie getan oder auch nicht getan haben. Sie haben eine Eigenverantwortung für Ihre Entscheidungen und die daraus resultierenden Taten. Jetzt können Sie mir widersprechen und sagen, dass es Ihnen letztendlich doch egal sei, was andere von Ihnen halten und Sie für nichts und niemanden verantwortlich sind. Wenn dem tatsächlich so wäre, dann hätten Sie sich gar nicht die Mühe gemacht und die gesamte Erklärungs- und Rechtfertigungskette abgespult. Dann hätten Sie genauso gut sagen können: „Ja, es war meine Schuld" – haben Sie aber nicht! Sonst hätte ich Ihnen an dieser Stelle gratuliert, denn Sie wären Meister in der Kunst, ein Egoist zu sein.

Sich einzugestehen, dass Sie Schuld haben und dementsprechend verantwortlich sind, heißt zugleich, nur Sie selbst können es anders machen. Nicht die anderen machen es besser, sondern Sie selbst machen es besser. Hören Sie auf, sich selbst zu belügen und sich etwas vorzumachen!

3.6.4 Der Mythos Schweinehund

Am besten fangen Sie bei Ihrem inneren Schweinehund an.
Überall lesen und hören Sie von ihm. Was ist also dran am
Schweinehund? Seine positivste Eigenschaft ist, dass wir selbst
von der Sache Abstand gewinnen und uns ein konkretes Bild
machen können. Mit der nötigen Distanz können wir die
zugrundeliegenden Ursachen klarer sehen. Der Schweinehund ist
somit der Sündenbock für alles, was wir nicht auf die Reihe

kriegen – daran muss einer schuld sein und das ist der sprichwörtliche Schweinehund, dem wir die Verantwortung zuschieben. Darin liegt gleichzeitig seine verhängnisvolle Rolle, dass wir uns stets und ständig aus der Verantwortung ziehen und es dem Schweinehund zuschieben. Also lassen Sie sich nichts vormachen und vor allem machen Sie sich selbst klar: Es gibt keinen inneren Schweinehund, das ist Ihre persönliche Lüge, denn wen sehen Sie morgens im Spiegel?

3.7 Motivation, der Schlüssel zum Erfolg

Sie kennen das vielleicht: Wo ein Wille ist, da ist auch ein Weg. Motivation spornt an, sie ist der Treibstoff, der Sie handeln lässt. Wenn Sie Ihre Wertvorstellungen leben und nach Ihren persönlichen Zielen streben, dann motiviert Sie das. Motivation kommt dabei vom Wort Motiv, also das, was hinter einer Sache steht. Welches Bild haben Sie zu einer Sache im Kopf, was treibt Sie an oder was bremst Sie? Ihre Denkrichtung bestimmt dabei, wohin Sie gehen – wollen zu einer Sache hin oder weg von …? Streben Sie zu mehr Geld, zu einer anderen Arbeit oder dem lang ersehnten Urlaub? Oder wollen Sie weg von: nicht mehr so wenig

Geld, nicht mehr so viele Überstunden und nicht mehr Urlaub auf Balkonien? Welcher Ansporn steht also hinter Ihrer Vorstellung, was veranlasst Sie, mehr zu rennen, was macht Sie müde und weshalb fangen Sie an, Mühe und Aufwand zu investieren? Ihr Motiv ist Ihnen dabei nicht zwangsläufig bewusst, häufig liegt es im Unbewussten und die Zielrichtung des Handelns ist Ihnen selbst nicht klar.

Auch wenn Sie kein Fußballfan sind, kennen Sie sicherlich die Situation: Der Stürmer trifft das Tor seit geraumer Zeit nicht mehr, selbst wenn er allein davor stünde. Als Sportreporter würden Sie von einem klassischen Torfluch sprechen. In der Coaching-Situation spricht man nicht von Flüchen oder davon, dass ihn das Glück verlassen hat – das machen höchstens Wahrsager! Wenn Sie den Spieler in dieser Situation fragen, was sein Ziel ist, dann erhalten Sie mit Sicherheit die Antwort: das Tor nicht mehr zu verfehlen, d.h. er will nicht mehr der Depp sein, der nicht mal mehr ein leer stehendes Tor trifft. Das Bild in seinem Kopf und seine Gedanken bewirken die eigentliche Handlung. Nun zielt der Spieler aber darauf ab, nicht zu verfehlen, anstatt zu treffen. Er hat also gedanklich schon das Tor verfehlt oder dem Hüter den Ball direkt in die Arme gelegt. Welche Handlung werden diese Gedanken und Bilder auslösen?

Die Macht der Gedanken ist hier im wahrsten Sinne des Wortes spielentscheidend. Und genauso ist es auch bei Ihnen: Was Sie denken, lenkt Ihre Handlungsrichtung. Darum trifft ein noch so guter Stürmer mit hoher Wahrscheinlichkeit das Tor nicht, wenn er bloß vermeiden möchte, das Tor nicht zu verfehlen. Er hat nicht das Treffen des Tores vor Augen, sondern das Nicht-Verfehlen seines Schusses.

3.7.1 Erfolg oder „Ich kann, weil ich will, was ich muss" (Kant)

Eigentlich wollen Sie ja, können aber dann doch nicht? Und dann soll das, was Sie müssen, Ihnen auch noch Spaß machen? Ihre persönlichen Ziele bestimmen Ihre übergeordneten Motive, Ihre Motivationslage hingegen wird von der aktuellen Situation beeinflusst. Und in diesen Situationen treten Ihre übergeordneten Ziele in den Hintergrund.

Die Motivation hängt eben auch eng mit den Emotionen zusammen, denn es sind die Gefühle, die hinter dem Ziel stecken, die am Ende entscheiden. Sowohl Angst und Scham als auch Freude haben Einfluss auf unsere Motivation. In jedem Fall haben positive Emotionen erhebliches energetisches Potential, sodass Sie sich auch mit beängstigenden Situationen beschäftigen würden, anstatt sie von sich wegzuschieben. Darum tendieren Sie auch dazu, sich wiederholt mit Dingen zu beschäftigen, die angenehm sind und Spaß machen. In diesen Dingen können Sie sich sogar in einen gewissen Flow hineinsteigern, also unter höchster Konzentration auf eine Sache hinarbeiten, ohne sich gestresst oder überbeansprucht zu fühlen.

Intensive Angst jedoch bremst Ihre Motivation und verstärkt den Wunsch nach der Vermeidung von Misserfolg. Ihr Körper reagiert darauf mit Fluchtgedanken, um sich aus der Situation zu befreien. Folglich sinkt Ihre Gesamtmotivation und Sie werden auch zukünftig immer wieder vor der Auseinandersetzung mit Angstauslösenden Situationen fliehen, ganz einfach weil Sie einen möglichen Misserfolg vermeiden möchten. Anstatt über das eigentliche Motiv nachzudenken, wollen Sie einfach nur weg. Der Weg dahin ist unbestimmt. Das ist das, was Energie und Mühe kostet und doch zu nichts führt.

Was gibt nun Anlass zur Flucht, was hält uns bei der Stange oder anders gefragt: Was ist Erfolg und was ist Misserfolg? Sie sehen Erfolg und Misserfolg als Ausdruck von Vermögen und Unvermögen? Dann liegen für Sie sicherlich auch Erfolg und

Optimismus sowie Misserfolg und Pessimismus ganz nah beieinander. Tatsächlich haben Erfolg und Misserfolg auch aus wissenschaftlicher Perspektive Einfluss auf die Motivation: Erfolg setzt Antriebskräfte für weitere Vorhaben frei, Misserfolg kann im Gegenzug lähmend wirken.

Denken Sie noch einmal an das Vorwort von Katja Schülke zurück: Erfolgreiche Menschen schaffen es, auch aus Misserfolgen Motivation zu ziehen, indem sie den Anspruch erheben, es beim nächsten Mal einfach besser zu machen.

Wie kommen auch Sie dahin? Ich sage Ihnen: Erfolgreiche Menschen haben das, was sie wollen. Weniger erfolgreiche Menschen sind vielmehr damit beschäftigt, sich zu fragen, warum sie etwas nicht geschafft haben oder eventuell nicht schaffen werden. Aber warum streben wir nach Erfolg und haben möglicherweise Probleme, mit Misserfolg umzugehen? Mit Erfolg verbunden ist immer soziale Anerkennung und wir sind von Natur aus so gestrickt, nach einem anerkannten Platz in der Gesellschaft zu streben. Bei Misserfolgserlebnissen – auch das hat die Natur bedacht – verzweifeln wir hingegen nicht sofort, sondern bedienen uns verschiedener Bewältigungsstrategien.

Diese Strategien sind im Zweifelsfall nicht immer förderlich, denn ein Problem bewältigt sich auch, indem man so tut, als wäre alles in Ordnung. Aber Misserfolg verknüpft sich mit einem negativen Gefühl und wenn Sie vor einer ähnlichen Situation stehen, wird Sie das erlebte, negative Gefühl womöglich wieder einholen. Es kann Sie hindern, es noch einmal zu versuchen, denn wahrscheinlich wird es auch diesmal wieder in die Hose gehen, wie Sie denken.

Gleichermaßen tückisch für den klassischen Aufschieber sind motivationale Handlungskonflikte: Sie wissen, dass Sie den nächsten Schritt auf der Karriereleiter unbedingt erreichen wollen, die anstehende Klausur sehr gut bestehen oder auch ein, zwei Kilo abnehmen wollen? Und dann finden Sie keine Zeit, weil Ihre Wochenenden verplant sind, die Familie Feste feiert, Sie in den Urlaub fahren wollen oder sich lieber mit Freunden treffen. Das sind klassische Fälle von Handlungskonflikten, bei denen Ihr kurzfristiges Wohlbefinden in den Vordergrund rückt und Sie andere Vorhaben nach hinten priorisieren oder auch einfach wegschieben. Schuld hat wieder einmal das Limbische System, dass Sie auf kurzfristige Erfolge polt, anstatt nach langfristigen Zielen zu streben.

3.7.2 Entscheidung oder Entschiedenheit

Eine Entscheidung ist schnell getroffen, geschafft ist sie deswegen noch lange nicht! Ich unterscheide daher gern zwischen Entscheidung und Entschiedenheit. Ein Vorhaben ist noch lange kein Ziel und es gibt nachweislich mehr Vorhaben, als dass diese auch erfolgreich abgeschlossen werden.

Neben Interessenskonflikten kann es stets auch zu anderen Widerständen kommen, die es notwendig machen, sich immer wieder zu motivieren. Erst wenn Sie sich Schritt für Schritt Ihrem Ziel nähern, sind Sie auch dabei, Ihr Vorhaben in die Tat umzusetzen. Dazu gehört auch eine gute Portion Ausdauer. Oft hören wir schon bei 80 Prozent Zielerreichung auf, weil Hindernisse auftreten, uns ein anderes Projekt mehr interessiert, welches schneller und einfacher zu erreichen scheint oder wir das aktuelle in unserer Wahrnehmung schon abgeschlossen haben.

Wir halten in der Regel nur kurz inne, um im nächsten Moment schon wieder nach Höherem oder anderem zu streben. Aber zu hoch gegriffen, kann schnell demotivieren und zum Aufgeben verleiten. Fehlende Zeit, mangelnde Selbstdisziplin und Ablenkung lassen Entscheidungen scheitern. Entschiedenheit und

Beharrlichkeit sind wertvolle Begleiter bei der Umsetzung Ihres Vorhabens. Halten Sie also bis zum definitiven Erreichen des Ziels an der Geschwindigkeit fest und seien Sie diszipliniert.

3.7.3 Effekte – was hält uns vom Ruck ab?

Was hält Sie also noch von der Umsetzung ab, wenn Sie sich schon entschieden haben? Es sind die möglichen Konsequenzen, die Sie bisher davon abgehalten haben, endgültig mit dem Rauchen aufzuhören, das Abnehmen in Angriff zu nehmen oder erfolgreicher zu sein, indem Sie einen Karriereschritt wagen und mehr Geld verdienen.

Nehmen Sie zum Beispiel das allseits bekannte Phänomen der Raucher-Community: So stehen Raucher immer in Gruppen. Würde man also nicht mehr rauchen, stünde man nicht mehr bei den anderen, sondern allein, weil man keine Nicht-Raucher-Freunde hat.

Ebenso verhält es sich mit dem Abnehmen: Ihr Partner ist ebenfalls zu dick und Sie haben auch nur dicke Freunde. Würden Sie dann nicht mehr dazu gehören, wenn Sie schlank sind und würde Ihr Partner Sie womöglich auch nicht mehr attraktiv finden oder wäre er vielleicht eifersüchtig, dass Sie es geschafft haben? Und im schlimmsten Fall sind Sie jetzt richtig erfolgreich und können sich endlich Großes leisten, haben aber die Befürchtung, Ihre Freunde könnten denken, Sie seien abgehoben und etwas Besseres.

Ihre Denkweise ist vom Grundsatz her richtig. Jedes Verhalten steht in Zusammenhang mit Ihrem sozialen Umfeld und hat Auswirkungen auf Ihre Mitmenschen, ob bewusst oder unbewusst. Die Konsequenzen einer Entscheidung müssen also in der Tat vorher abgewogen werden, um die Motivation gleichbleibend hoch zu halten bzw. um überhaupt erst einmal loszulegen. Wenn Sie über mögliche Auswirkungen nachdenken, sollten Sie natürlich auch abwägen, welche Szenarien realistisch sind und was sich als Hirngespinst in Ihrem Kopf breit gemacht hat. Denn auch wenn Ihr erdachtes Szenario noch so unrealistisch ist, hat es dennoch Auswirkungen auf Ihr Handeln. Aufgrund der Annahme, wie eine Sache ausgeht, entwickeln Sie Ihre Vorstellung davon, die Sie letztendlich antreibt oder bremst.

Sie haben Angst vor Spinnen? Solange Sie nicht in tropischen Gebieten zu Hause sind, werden Sie keine todbringenden

Taranteln antreffen, sondern nur gewöhnliche Spinnen. Wovor also Angst haben? Eigentlich kein Grund zum Fürchten, mit einem Hausschuh wäre das Problem schnell beseitigt, mit einer Kehrschaufel befördern Sie Ihr Problem einfach nach draußen – alles in allem also eine Sache von zwei Minuten, die manche Menschen schier hemmt und somit eine Menge Zeit und Nerven kostet. Die noch so unrealistische Annahme, dass die Spinne Ihnen wirklich etwas antut, lähmt Sie in Gänze. Beleuchten/Nehmen wir ein anderes Szenario, das sich bei genauerer Betrachtung als Hirngespinst entpuppt: Sie haben Flugangst. Das hält Sie davon ab, weite Reisen mit dem Flugzeug zu unternehmen und Sie setzen sich viel lieber ins Auto, obwohl erwiesenermaßen das Flugzeug das sicherste Verkehrsmittel ist. Sofern Sie nicht schon einmal einen Flugabsturz er- und vor allem überlebt haben, hindert Sie lediglich der Katastrophenfilm in Ihrem Kopf daran, der Realität ins Auge zu sehen, dass es nämlich weitaus mehr Auto-, Fahrrad- und selbst Zugunglücke gibt, die tödlich enden. Am meisten hemmt Sie Ihr Hirngespinst in Ihrer freien Entscheidung, etwas zu tun, auch wenn es nur ein Flugzeug zu besteigen gilt.

Ihr persönliches Horrorszenario, das sich Ihrer Meinung nach aus Ihrer Handlung ergeben könnte, bestimmt Sie auch. Es ist also

Ihre Denkweise, die Sie handeln lässt oder vom Ruck abhält, weil Ihr Motiv zu handeln durch mögliche Konsequenzen in den Hintergrund rückt bzw. verschwimmt. Wie Sie mit diesen Effekten im Vorfeld umgehen, dazu lesen Sie mehr im folgenden Kapitel.

4 Ziele

Wie Sie denken und handeln, davon haben Sie im besten Fall eine genaue Vorstellung. Genauso stellen Sie sich auch Ihre Zukunft vor, haben Ziele und Träume, von denen Sie sich wünschen, dass sie in Erfüllung gehen und auf die Sie hinarbeiten.

Vorstellungen, Ziele, Träume und Wünsche – so stellen wir uns unsere Zukunft vor und schmieden Pläne für später. Alles, was wir uns wünschen und vorstellen, lässt uns auch handeln. Was in der Wirklichkeit nicht durch uns selbst erreicht werden kann, ist zwar potentiell vorstellbar, gehört aber meist in die Welt der Träume und ist in dem Sinn kein Ziel, welches wir angestrengt verfolgen.

Ein **Traum** ist eine in unserem Unterbewusstsein abgespeicherte Vorstellung, die ganz weit weg von dem ist, was wir realisieren können. Sie haben schon immer davon geträumt George Clooney zu küssen oder neben Heidi Klum am Strand zu liegen? Davon zu träumen, sei Ihnen gegönnt, das zu tun, davon träumen neben Ihnen wohl noch Tausende andere, aber in Erfüllung geht es nur für einige wenige.

Ein **Wunsch** dagegen mag erreichbarer scheinen, liegt aber nicht in unserem Gestaltungsbereich, sondern ist vielmehr die Bitte an einen anderen, etwas zu bewerkstelligen. Den Geburtstagswunsch könnten Sie sich im Grunde zwar selbst erfüllen, indes ist er vielmehr etwas, was Sie sich von einem anderen wünschen.

Träume und Wünsche sind demnach Dinge, die es sich zu bewahren gilt, denen wir nicht nur nachhängen sollten, schließlich liegt deren Erfüllung in allzu weiter Ferne und erfolgt meist zufällig. Wünsche und Träume rücken in greifbare Nähe, wenn Sie sie zu Ihren Zielen machen. Also nehmen Sie Ihre Wünsche und Träume einmal unter die Lupe und entscheiden Sie, was davon umgesetzt werden kann und soll.

Ein **Ziel** ist etwas ganz Konkretes, was ich mir persönlich vorgenommen habe und was ich im Allgemeinen auch allein erreichen kann. Es dient dazu, sich selbst zu verwirklichen, also um dem Leben einen Sinn zu geben. Wer ziellos durch das Leben treibt, ist in der Regel unzufrieden, nicht ausgelastet und leidet unter mangelnder Anerkennung.

Wünsche und Träume hegen wir alle irgendwie, wir verfolgen sie aber selten zielgerichtet und ganz konkret. Während es bei Wünschen und Träumen auch kein „richtig" und kein „falsch" gibt, können richtig gesetzte Ziele Sie weit voranbringen. Falsch gesteckte Ziele hingegen werden wohl nur Wünsche und Träume bleiben, da sie sich nicht aus eigener Kraft erfüllen lassen. Daher ist es wichtig und gut, Träume und Wünsche zu haben, diese sollten Sie sich auch bewahren. Um sich Ihren Traum zu erfüllen, braucht es allerdings mehr: Sie brauchen ein konkretes Ziel.

4.1 Zielsetzung: das SMARTE-Prinzip

Bevor Sie sich ein Ziel setzen, müssen Sie natürlich wissen, was genau und wohin Sie wollen. Um Ihr Ziel zu erreichen, sollten Sie zunächst ein möglichst genaues Bild von dem, was Sie wollen, im Kopf haben. Stellen Sie sich am besten Ihr Ziel ganz konkret vor und fragen Sie sich:

- Was sehen Sie?
- Wie fühlt es sich an?
- Was riechen Sie?
- Ist das Ziel nach ihrem Geschmack?
- Klingt das verlockend?

Die richtige Zielsetzung ist der Schlüssel zum Erfolg! Soll heißen, zu **eng gesteckte Ziele** verwehren den Blick auf's Ganze und machen blind für größere Ziele.

Zu **große Ziele** lähmen bisweilen, weil der Weg dahin zu lang und unerreichbar erscheint.

Zu **viele Ziele** verleiten dazu, die leicht erreichbaren den ambitionierten vorzuziehen, Quantität statt Qualität wird hier oft zur Devise. Bestimmte Ziele behindern zudem das Erreichen des einen oder des anderen. Hierfür empfehle ich Ihnen das sogenannte SMARTE-Prinzip.

Die konsequente Anwendung des SMARTE-Prinzips macht mögliche negative Einflüsse sichtbar und beschäftigt sich mit den Risiken und Nebenwirkungen:

1. **S = Spezifisch**

   Setzen Sie sich konkrete, eindeutige und präzise formulierte Ziele: Formulieren Sie im Präsens, also im Jetzt und setzen Sie so Ihre Ziele in die Gegenwart. Alle, die meinen, „ich werde" oder „ich möchte" schmälern den Erfolg ihres eigenen Zieles, da sie sich mit der Absicht tragen, aber nicht konkret darauf abzielen.

   S stellt zudem die Frage, ob Sie Ihr Ziel **selbstständig** erreichen können oder ob Sie von anderen abhängig sind. Wenn Sie Ihr Ziel nicht allein erreichen können, überlegen Sie sich vorab, wie Sie andere dafür gewinnen können. Spielen Sie dies durch und ändern Sie gegebenenfalls Ihr Ziel dahingehend, dass Sie es auch allein erreichen.

2. M = Messbar

Woran machen Sie Ihren Erfolg fest? Halten Sie Erfolgskriterien fest, anhand derer Ihr Ziel messbar wird. Mit messbaren Einheiten können Sie stets und ständig überprüfen, wie weit Sie noch von der Zielerreichung entfernt bzw. wie nah Sie Ihrem Ziel bereits sind. Klar messbare Ziele sind insofern wichtig, als dass Sie diese kontrollieren können und ohne Kontrolle gibt es keinen messbaren Erfolg. „Ich will glücklich sein" ist kein konkretes Ziel. Machen Sie fest, woran Sie merken, dass Sie glücklich sind. Was muss gegeben sein, dass Sie sich glücklich fühlen? Wodurch sind Sie glücklicher?

Bei großen Zielen planen Sie in Etappen. Je weiter weg ein Ziel ist, umso weniger schenken Sie ihm die notwendige Beachtung. 20 Kilogramm sind viel, Sie wollen sie dennoch abnehmen. Dann setzen Sie sich jede Woche ein Kilo zum Ziel und Ihr Erfolg ist nachhaltiger als 20 Kilogramm in vier Wochen abnehmen zu wollen. Das ist nicht nur ungesund, sondern auch unrealistisch.

3. A = Attraktiv

Wenn Sie eines bereits in meinem Buch gelernt haben, dann ist es, dass uns Menschen die angenehmen Dinge viel leichter fallen und auch schneller von der Hand gehen. Schaffen Sie sich daher ein attraktives Ziel und planen Sie es! Malen Sie sich das positive Feedback im Erfolgsfall aus. Mit gutem Gefühl gehen Sie Ihre Ziele gleich viel optimistischer an. Genauso gut fällt es Ihnen schwerer, ein Ziel anzugehen, das Ihnen widerstrebt. Eine Steuererklärung zu machen, ist kein attraktives Ziel, 5000 Euro zurückzubekommen wohl eher. Suchen Sie also nach Möglichkeiten, die sich Ihnen bieten, wenn Sie Ihr Ziel erreicht haben.

A steht aber auch für **Ausreden**, die Sie immer dann finden, wenn Sie die Dinge angehen. Überlegen Sie sich also vorher genau, welche Ausreden Ihnen einfallen könnten, um Sie dann zu umgehen. Bedenken Sie dabei vor allem die Ausreden der Ausreden.

4. **R = Realistisch**

Wählen Sie ein realistisches Ziel aus. Zu hohe Ziele schüren nur falsche Hoffnungen. Erreichbare und praktikable Ziele führen sicher zum Erfolg. Konzentrieren Sie sich dabei auch auf wenige, aber wesentliche Ziele. Zu viele Ziele auf einmal stiften Verwirrung und können untereinander in Konkurrenz stehen.

R steht zudem für **Ressourcen**. Gehen Sie einmal durch, welche Voraussetzungen bereits gegeben sind, was haben Sie schon, was brauchen Sie noch und v.a. wie kommen Sie daran? Ressourcen meinen dabei nicht nur Dinge, sondern auch Ihre Freunde, Kollegen etc. Wer kann Ihnen helfen und wie? Überlegen Sie sich auch, was Sie anderen bieten können, um zu bekommen, was Sie möchten.

5. **T = Terminiert + Telefonjoker**

Keine Angst, Sie haben es nicht mit dem Ziel-Terminator zu tun ;). Deadlines können Leben retten! Mit einem eindeutigen Termin erreichen Sie

Ziele, die Sie sonst nur vor sich herschieben würden. Ein klares Ziel heißt bis zum 31. Dezember und nicht bis Ende des Jahres. Legen Sie einen Zeithorizont fest, wenn Ziele nicht sofort zu erreichen sind. Halten Sie ein Datum für Etappen fest, um nicht in den Aufschiebe-Rhythmus zu verfallen. Kontrollieren Sie dieses Datum nochmals: Brauchen Sie vielleicht mehr Zeit, weil Sie wissen, dass Sie bestimmte Dinge zu ambitioniert angehen oder merken Sie, dass Sie sich immer Zeit lassen und eher fertig sein könnten, wenn sie konsequenter wären?

Der Telefonjoker steht für einen oder mehrere Menschen, die bestimmte Eigenschaften besitzen, die Sie gern hätten. Menschen, die in den Situationen anders reagieren als Sie. Menschen, die gerade bei den Dingen, die Sie aufschieben, eher durchziehen und Taten folgen lassen. Überlegen Sie deshalb, wer Ihnen ein gewisses Vorbild ist und was Sie am liebsten für Eigenschaften hätten. Suchen Sie sich bewusst Menschen oder Charaktere, die sie vorwärts bringen. Sie müssen die Menschen gar nicht unbedingt anrufen oder kontaktieren, es reicht meist schon aus, wenn Sie sich überlegen, was der / die andere an Ihrer Stelle tun würde.

6. E = Effekte

Jedes Ziel muss wohl durchdacht sein und dies bis zum Ende, denn die meisten Ziele werden nicht erreicht, weil wir uns mit den jeweiligen Effekten nicht auseinandersetzen. Denken Sie auch daran, was nach dem Erreichen Ihres Ziels passiert, denn auch dann dreht sich die Erde schließlich weiter. Welche Konsequenzen ergeben sich also aus dem Erreichen des Ziels im positiven wie im negativen Sinn. Was kann im schlimmsten Fall passieren und können Sie damit umgehen? Selbst wenn Sie im positiven Fall Ihr Ziel erreichen, welche negativen Folgen kann das für Sie und Ihr Umfeld haben? Haben Sie daher Strategien parat, wie Sie mit den Folgen umgehen? Was tun, wenn alles gleichbleibt, nur Sie ändern sich?

Wenn Sie clever sind, dann sind Sie nicht nur SMART(E), sondern beachten auch die folgenden zielsicheren Vorgaben.

Zielformulierung: Ihre persönlichen Ziele haben Sie meist nur mündlich vorgeformt, Ziele sollten schriftlich fixiert sein. Halten Sie sie schriftlich fest, so kontrollieren Sie sich selbst besser und haben zugleich Ihr Ziel immer klar vor Augen – und wenn Sie sich einen Zettel an den Kühlschrank kleben, auf dem steht: Ich nehme bis zu Tag X xx Kilogramm ab!

Zielplanung: Wesentlich für das Erreichen Ihres Zieles ist die Zielplanung: Orten Sie mögliche Stolpersteine und legen Sie sich Strategien zu recht für den Fall, dass Sie auf Hindernisse stoßen. So können Sie Hindernisse mit allen vorher durchdachten Wenn-Dann-Notfallplänen umschiffen.

Zielkontrolle: Behalten Sie das große Ganze im Auge, aber denken Sie auch in Details. Lohnt es sich, das Stück Sahnetorte zu essen? Was, wenn ich heute nicht zum Sport, zum Arzt oder zum Steuerberater gehe?

Seien Sie gierig, gierig nach Erfolg!

4.2 Wünsche von Sterbenden[1]

Wünsche, Träume, Ziele: Was wollten Sie schon immer tun, haben es aber noch nie in Angriff nehmen können, wollen, müssen …? Ich mache es mal ganz drastisch, aber keinesfalls übertrieben, denn die meisten Aufschieber stellen erst kurz vor dem Tod fest, was sie im Leben alles noch machen wollten. Meist

---

[1]   Ware, B.: 5 Dinge, die Sterbende am meisten bereuen, 2013.

wird ihnen das erst bewusst, wenn sie es nicht mehr angehen können. Daher kommt wahrscheinlich auch „sich zu Tode ärgern", denn ändern können Sie daran nun nichts mehr, außer sich darüber zu ärgern, was Sie nicht getan haben. Darum habe ich für Sie einmal zusammengetragen, was das für Dinge sein könnten: Nämlich solche, die sich Sterbende wünschen, wenn sie sich bewusst werden, was sie in ihrem Leben noch alles hätten tun wollen.

1. Sterbende wünschen sich, den Mut gehabt zu haben, das eigene Leben zu leben und nicht sich stets und ständig nach anderen zu richten, um ihnen alles recht zu machen.

2. Sterbende wünschen sich, nicht ihr Leben lang mit Arbeiten zugebracht zu haben, sondern tatsächlich mehr gelebt zu haben. Die Angst, zu wenig zu verdienen, nicht Karriere zu machen, das sind ihre Beweggründe gewesen. Am Ende stellen sie fest, dass all das Geld nichts nützt, wenn man es nicht ausgeben, nicht für die schönen Dinge des Lebens verwenden kann und man am Ende seines Lebens nur noch krank und schwach ist. Reisen, Genießen, sich etwas Gönnen, all das geht nun nicht mehr.

3. Sterbende wünschen sich, mehr Gefühl und Liebe gezeigt zu haben. Wenn jemand aus dem engsten Kreis verstirbt, dann wünscht man sich, seine Gefühle für den anderen mehr gezeigt, mehr Zeit mit ihm verbracht und sich viel weniger im Alltag verloren zu haben.

4. Sterbende wünschen sich, mehr Zeit mit den eigenen Freunden verbracht zu haben als mit Kollegen, Beruf und Karriere. Im Laufe der Zeit lösen sich dadurch viele Freundschaften, an denen man rückblickend lieber festgehalten hätte.

5. Zu all den Dingen, die sich Sterbende jedoch am meisten wünschten, gehört einfach nur glücklich zu sein. Wie oft blasen wir Trübsal, sind mit den Gedanken bei der Arbeit, Stress oder verpassten Chancen, als dass wir uns an den einfachen Dingen erfreuen und sie bewusst wertschätzen.

Was sind die Dinge, die Sie bereuen, getan oder noch nicht getan zu haben? Wenn Sie sich dessen bewusst werden, dann können Sie auch bewusster und ohne Reue leben. Wenn Sie sich dessen bewusst sind, was Sie wirklich wollen, dann formulieren Sie ein konkretes Ziel und setzen Sie es auf Ihre Agenda. Machen Sie das, was Sie wollen, sonst bereuen Sie auf dem Sterbebett, es nicht getan zu haben.

Bereuen Sie nicht die Dinge, die Sie getan haben, sondern vielmehr die, die Sie nicht getan haben. Sie sollen dabei nicht leben als wäre jeder Tag ihr letzter. Sie sollten nur aufwachen und loslegen, bevor Sie es nicht mehr tun können.

5 Rezepte

Zu Beginn meines Buches habe ich eine Situation beschrieben, die uns allen zur Genüge bekannt ist: Gute Vorsätze werden gefasst, aber nie umgesetzt. Stattdessen beweisen wir äußerste Kreativität und Ausdauer im Finden von Ausreden und Rechtfertigungen.

Ob es nun Vorsätze für das neue Jahr sind oder Wünsche, die wir zu unseren Zielen machen, dann damit hadern sie zu realisieren und scheitern. Grund des Übels sind Ausflüchte und Vorwände, die der Umsetzung vorgeschoben wie vorgezogen werden.
Um dem Ganzen beizukommen bzw. dem Übel am besten gleich einen Riegel vorzuschieben, schaffen Sie Bedingungen, die Ausreden und Aufschieben unmöglich machen. Somit schützen Sie sich davor, sich selbst zu betrügen.

Aller Anfang ist schwer, darum frage ich Sie: Wer kontrolliert Sie, nicht auch diese Bedingungen aufzuweichen oder zu umgehen? Es gilt, Vertrauen ist gut, Kontrolle ist besser. Ich bin die Stimme in Ihrem Ohr, die selbst die kreativsten Ausreden nicht gelten lässt. Auch die Ausreden für die Ausreden kitzle ich heraus und mache sie unbrauchbar.

Es ist wichtig, ein Bewusstsein für Hindernisse genauso wie für Alternativen und Lösungen zu schaffen. Im Grunde müssen Sie sich nur Unbewusstes bewusster machen, indem Sie die Dinge klarer und verständlicher werden lassen, um die jeweilige Erkenntnis aktiv und effektiv einzusetzen. Also schauen Sie genauer hin und führen Sie Selbstgespräche.

Ein Problem zu erkennen, löst es nicht. Der erste Schritt in die richtige Richtung ist, ein Problem zu verstehen, zu reflektieren und zu durchdenken – und dann anzufangen! Ein Problem bewältigt man dauerhaft, wenn man die genauen Ursachen kennt, sonst forscht man im Dunkeln und betreibt ausschließlich Fehlerkosmetik.

Also noch einmal zum Mitschreiben:
Erkenntnis ist nur der erste Schritt, nicht die Zielerreichung!

Darum ist es genauso wichtig, nach dem ersten auch den zweiten und den dritten Schritt zu tun. Mit nur einem Schritt kommen Sie nicht voran. Erst ein Schritt nach dem anderen, also mehrere Schritte hintereinander schaffen wirklich Bewegung und somit auch eine Veränderung. Sonst bleiben Sie im Grunde an Ort und Stelle stehen, ein Schritt ist kein Schritt! Hinterfragen Sie Ihr Problem und finden Sie dann Ihre persönliche und patente Lösung – ich helfe Ihnen dabei!

5.1 Eine Veränderung geht ihren Weg, machen Sie den Weg frei!

Nach eingehender Analyse dürften Sie festgestellt haben, dass Sie etwas ändern müssen und nicht nur so tun sollten, als ob! So wie es ist, geht es nicht weiter. Veränderung ist gut, Handeln ist besser!

Der Schritt zur Veränderung wird von vier Phasen begleitet, derer Sie sich bewusst sein sollten, um Ihr Ziel in die Tat umzusetzen.

1) Anfangs haben Sie es sich gemütlich gemacht und in Ihrer Komfortzone eingerichtet. Ihre Situation ist nicht unangenehm oder belastend, darum sehen Sie auch keine dringende Veranlassung, den Zustand des Wohlbekannten und sicher Vorhersehbaren zu verlassen, schließlich sind Sie auch mal mehr, mal weniger ein Gewohnheitstier.

2) Auch wenn sich Ihre Situation zunehmend ändert und zu Ihrem Nachteil umschlägt, ist das für Sie noch lange kein Grund zur Beunruhigung, denn „Nichts ist perfekt" oder „So schlimm ist es doch gar nicht".

3) In der Phase der zunehmenden Verwirrung, Phase 3, müssen Sie feststellen, dass eben doch nicht alles Ecken und Kanten haben muss und die Frustration über Ihre derzeitige Situation kommt deutlich zum Vorschein. Der Druck, nun möglichst schnell und umfassend zu handeln, drängt sich mehr und mehr auf. Im besten Fall stoßen Sie nun die notwendigen Entscheidungen zur Veränderung an, um wieder voranzukommen, auch wenn Sie dabei Ihre äußerst bequeme Komfortzone verlassen müssen. Nur wer das Vergangene loslässt, kann dabei wirklich den Blick nach vorn richten.

4) Mit Blick auf die bisherigen Erfahrungen, ob nun selbst erlebt oder durch andere, beginnen Sie, Ihre Entscheidung in die Tat umzusetzen. Mit den ersten sichtbaren Erfolgen verringert sich der Druck, Ihr Handeln gibt Ihnen Recht und die Motivation, etwas zu verändern, kann sich noch einmal steigern.

Das Problem bei Aufschiebern beginnt meist schon vor der ersten Phase der Veränderung, es wird nur erst im Übergang von Phase 3 zu 4 wirklich deutlich, wenn Sie nicht in der Lage sind, sich aus Ihrer aktuellen Situation durch Selbsthandeln zu befreien und der Druck stetig größer wird. Daher ist es notwendig, dass Sie sich Rahmenbedingungen schaffen, die Sie nicht davon abhalten, Ihr

Ziel mit allen damit verbundenen Konsequenzen tatsächlich anzugehen.

Dass die Hindernisse dabei vielgestaltig sein können, habe ich Ihnen schon ausführlich dargelegt. Und da jeder von uns ganz individuell gestrickt ist und damit auch seine ganz eigene Form von Aufschieberitis ausgeprägt hat, gehe ich mit Ihnen alle möglichen Ursachen Ihrer Krankheit durch, und zeige Ihnen dabei gleich ganz direkt die dafür passende Lösung auf.

5.2 Rezepte für Ihre Lebensbereiche

Aufschieberitis und der Sinn des Lebens

Der Sinn des Lebens ergibt sich aus Ihrer persönlichen Beantwortung der Frage, wofür Sie auf der Welt sind. Was möchten Sie erreichen und worauf möchten Sie in Ihrem Leben zurückblicken? Das können die einfachen Dinge des Lebens sein oder etwas ganz Großes. Wollen Sie anderen helfen, wollen Sie das große Geld verdienen, was wollen Sie wirklich?

Um zur Antwort auf diese sehr umfassende Frage zu kommen, sollten Sie Folgendes beherzigen:

1. Fragen Sie sich, was Ihnen Spaß macht und was nicht, was Sie wirklich nervt und was nicht.

2. Stellen Sie eine Prioritätenliste nach Wünschen, Träumen und Ziele zusammen. Bedenken Sie: Nur konkrete Ziele lassen sich auch in die Tat umsetzen.

3. Erstellen Sie eine Werteliste. Was ist Ihnen wichtig, was nicht? Was nervt Sie im Leben? Kontrollieren Sie anhand der Werte Ihr Leben. Passen die gewünschten Werte zu Ihrem Leben, beruflich und privat, einfach in allen Lebenslagen und allen zugehörigen Gruppen?

4. Personen, die Ihnen nahestehen, können Ihnen helfen und Sie unterstützen. Im Kontakt mit anders denkenden Personen erlangen Sie auch andere Sichtweisen, die ebenso hilfreich sein können.

Aufschieberitis im Beruf

Ordnung ist das halbe Leben. Also schauen Sie sich auf Ihrem Schreibtisch um und überlegen Sie sich, welche Unterlagen Sie sofort abarbeiten können. Welches Telefonat können Sie sofort führen. Am besten ist hierbei, die unangenehmen Telefonate gleich zu führen, anstatt sie den ganzen Tag vor sich herzuschieben – Augen zu und durch und Sie werden sehen, danach fühlen Sie sich schon viel freier.

Im Job ist es besonders wichtig, möglichst konkret formulierte Ziele vor sich zu haben und dann zu überlegen, wie Sie diese erreichen. Denn besonders langfristig angelegte Ziele verschwinden häufig unter der Last der alltäglichen Dinge.

Sie sollten dennoch hinterfragen, ob der Beruf auch Ihre Berufung ist. Ist es das, was Sie wirklich wollen? Passt das zu Ihren Idealen im Leben? Stimmen Ihre Lebenswerte mit Ihrem Job überein? Sind Sie ein Teamplayer durch und durch und müssen in Ihrem Job aber genau das Gegenteil machen, nämlich auch mal hart sein, sodass es Ihnen unfair vorkommt? Sofern Sie nicht damit umgehen können, in eine andere Rolle zu schlüpfen, können Sie es in Ihren Job auch mal nicht so gut machen, wie es andere könnten, zu denen dieses Verhalten eher passt. Denn in eine Rolle schlüpfen heißt nicht, einfach nur mal ein anderer Mensch zu sein.

So geht es Verkäufern, die, gemessen am Umsatz, stets ihren Kollegen hinterherhinken. Sind Sie eine „Rampensau" und können anderen ohne Bedenken alles verkaufen? Schaffen Sie es, den Käufer zu überzeugen, auch wenn er zweifelt? Wenn Sie sich nicht trauen, dann nur, weil Sie nicht als Abzocker dastehen wollen. Haben Sie Juliane Werding im Kopf? „Wenn du denkst, du denkst, dann denkst du nur, du denkst!"

Wenn Ihr Job nicht zu Ihnen passt, dann kann Sie Ihr Job auch nicht ausfüllen und glücklich machen. Ihr Unterbewusstsein wird sich schon nehmen und Sie in eine Bahn lenken, die Sie nicht oder nur schwer kontrollieren können. Die Hauptsache ist, es muss nicht länger den Weg gehen, den der Verstand ihm aufzwingt. Also übernehmen Sie lieber gleich das Ruder.

Aufschieberitis in der Beziehung

Wichtig ist, dass Sie Ihre Beziehungen in Balance halten, sowohl die zu Ihrem Partner als auch die zu Ihrer Familie und Ihren Freunden. Welche dieser Personen liegt Ihnen wirklich am Herzen und lassen Sie sie es auch spüren? Zeigen Sie Ihre Gefühle und denken Sie an die kleinen Aufmerksamkeiten, die den anderen auch spüren lassen, dass er Ihnen wichtig ist.

Nicht auf die großen Dinge kommt es an, sondern auf die alltäglichen Kleinigkeiten, die zu einer glücklichen Partnerschaft führen. Dabei ist es wichtig, sich in der Beziehung auch selbst zu verwirklichen, sich selbst frei zu fühlen, sonst engen Sie sich und Ihren Partner ein. Und genauso wie in allen anderen Lebensbereichen, wird sich Ihr Unterbewusstsein nehmen, was es will. Sich zu etwas zu zwingen, schafft innere Unruhe. Das Gleichgewicht stimmt irgendwann nicht mehr. Wer raubt Ihnen Energie und wer gibt auch etwas zurück?

Aufschieberitis in der Gesundheit

Grundlegend sei gesagt, dass es nicht immer darum geht, auf körperlicher Ebene etwas zu tun, sondern vor allem auch auf der mentalen. Wenn Sie Rauchen entspannt, dann tun Sie dies bewusst. Hören sie auf zu jammern, dass es schlecht ist etc. Sie ändern sowieso nichts. Dann nehmen Sie sich auch nicht vor, damit aufzuhören, sondern konzentrieren Sie sich auf Dinge, die Sie wirklich umsetzen. Mit dieser gewonnenen Zuversicht und Akzeptanz klappt es dann mit dem rauchfrei.

Bei Ihrer Gesundheit wiegt die Aufschieberitis wohl am schwersten. Statistisch gesehen haben die meisten guten Vorsätze, die zu Neujahr gefasst werden, etwas mit Ihrer Gesundheit zu tun: weniger Alkohol trinken, aufhören zu rauchen oder mehr Sport treiben. Da die meisten guten Vorsätze schon nach wenigen Tagen oder Wochen wieder über Bord geworfen werden, sind auch ihre gesundheitlichen Ziele am stärksten davon betroffen. Hinzukommt, dass sich die meisten dann gar nicht mehr vornehmen, gesünder zu leben, weil sie es ja doch nicht schaffen. Das geht auch anders!

1. Setzen Sie sich realistische Ziele. Denn meistens wollen Sie sich schlechte Angewohnheiten abgewöhnen. Aber wenn Sie schon versuchen, mit dem Rauchen aufzuhören, sollten Sie sich nicht gleichzeitig auf einen Marathon vorbereiten wollen und ab jetzt nichts Süßes mehr genehmigen dürfen.

2. Machen Sie es konkret. „Ab jetzt treibe ich mehr Sport!", bringt Sie dabei nicht allzu weit. Machen Sie sich also bewusst, welchen Sport Sie wie oft machen wollen und wann Sie sich Ihre Sportzeiten einplanen. Zweimal die Woche klingt gut, aber wenn Montag nicht passt, Dienstag nichts wird usw., dann kommt schon das Wochenende und Sie haben sich immer noch nicht bewegt. Halten Sie also fest, dass z.B. immer mittwochs und samstags Ihre Sporteinheiten dran sind. Dafür planen Sie sich fest 1,5 Stunden ein.

3. Überlegen Sie sich, wie Sie mit Hindernissen und Versuchungen umgehen. Was machen Sie, wenn alle zur Raucherpause gehen, nur Sie nicht? Wie nutzen Sie die neugewonnene Zeit? Oder was tun Sie, wenn Sie wieder einmal Frust schieben und der Schokoladenautomat gleich um die Ecke ist? Was könnte besser gegen Frust helfen als Süßigkeiten? Und wenn Sie doch einmal schwach werden, ist das kein Grund zu verzweifeln. Suchen Sie nach dem Grund, warum Sie schwach geworden sind und überlegen Sie, wie Sie dies in Zukunft vermeiden können. Überlegen Sie sich, wie Sie sich ermuntern, um am Ball zu bleiben.

4. Etappenziele bringen Sie bis ganz ans Ziel. Ein Marathon sind 42 Kilometer, probieren Sie zunächst einen kleinen Stadtlauf mit 5 Kilometern und steigern Sie sich auf Läufe mit 10 Kilometern. Wenn Sie einen Halbmarathon bestritten haben, dann laufen Sie direkt in Richtung Marathon.

5. Belohnung ist ganz wichtig! Sie sind seit einem Monat rauchfrei. Gönnen Sie sich etwas, eine Auszeit, einen netten Ausflug etc.

Aufschieberitis in Finanzdingen

Aufschieberitis ist aus finanzieller Sicht ein Problem, was schnell existentiell werden kann. Es beginnt bei nicht bezahlten Rechnungen, Briefe werden nicht geöffnet, weil Mahnungen darin sein könnten. Dann kommen Verzugszinsen hinzu und irgendwann steht neben dem fetten SCHUFA-Eintrag auch der Gerichtsvollzieher vor der Tür.

Genauso wichtig, wie seine Rechnungen zu bezahlen, ist, sich um die eigene finanzielle Absicherung zu kümmern. Zwar scheint die Rente noch in ganz weiter Ferne, was jedoch noch lange nicht heißt, dass sie zu weit weg ist, um dafür zu sparen. Wenn Sie nach dem Grundsatz leben: „Was ich heute kann besorgen, das verschiebe ich auf morgen", dann werden Sie eines Tages erwachen, Rentner sein und sich ärgern, weil die staatliche Rente zum Leben nicht reicht, Sie aber damals das Geld für alles andere ausgegeben haben als für eine private Vorsorge.

Das Geld mit vollen Händen auszugeben, hat Ihnen zwar ein schönes Leben bereitet, nun befinden Sie sich aber am Existenzminimum. Darum spare lieber heute, sonst hast du nichts für morgen!

Darum sollten Sie sich fragen:

1. Was wollten Sie sich wirklich schon immer leisten?

2. Welche Etappen könnten Sie einrichten, um ans Ziel bzw. zu Summe X zu gelangen?

3. Entscheiden Sie über das JETZT und das SPÄTER. Wie viel können Sie für später weglegen und wie sehr wollen und können Sie die Gegenwart genießen?

4. Vorzusorgen für später ist notwendig, das steht außer Frage, aber welche Art von Vorsorge passt zu Ihnen?

Wenn Sie sich noch immer fragen, was wichtig in Ihrem Leben ist, dann kann ich Ihnen nur eines sagen: Ihre Gesundheit, Ihre Beziehung, Ihre berufliche Erfüllung sowie finanzielle Verhältnisse, die Ihr Leben absichern und die Erfüllung Ihrer Lebensaufgabe. Denken Sie dabei immer wieder an die fünf Wünsche von Sterbenden und machen Sie sich regelmäßig klar, wo Sie stehen und hinwollen – in allen Lebensbereichen.

5.3 Die Ursachen und die passenden Lösungen

Angst ist eine grundsätzlich gutgemeinte Einrichtung der Natur, weil sie uns vor zu großen Wagnissen schützen soll und uns in brenzligen Situationen zum instinktiv richtigen Handeln, wie z.B. zu fliehen veranlasst. Angesichts einer gefühlten oder tatsächlichen Bedrohung beginnen wir Angst zu verspüren, die uns handeln lässt oder lähmt. Dabei ist Angst eine erlernte Reaktion aus Hinweisreizen und den zu erwartenden Konsequenzen, die auf den eigenen Erfahrungen oder denen anderer beruhen. Ihre Angst kann sich dabei auf ganz konkrete Dinge richten, aber auch an bestimmte Situationen geknüpft sein. Angst kann genauso gut eingebildet sein.

Die Angst vor dem Versagen und vor Misserfolgen

Die Angst zu versagen ist eines der größten Hemmnisse, das viele Aufschieber verspüren. Denn schon bevor Sie eine Sache in Angriff genommen haben, meinen Sie, es nicht zu schaffen, sodass Sie es erst gar nicht wagen, die Sache anzugehen. Ihre Angst überwiegt Ihre Motivation, etwas zu schaffen.

Es regen sich Selbstzweifel in Ihnen, aber wenn Sie sich selbst zutrauen, etwas zu schaffen und von Ihrer Leistung überzeugt sind, dann werden es auch andere sein. Hegen Sie dagegen Zweifel an sich, an der Sache, dann wird sich das auch auf die Meinung anderer übertragen. Wenn Sie kein Vertrauen in sich selbst besitzen, warum sollten es dann andere haben? Grundsätzlich liegen Zweifel und Bedenken in unserer Natur. Doch anstatt sich davon entmutigen zu lassen, sollten Sie vielmehr überlegen, was an Ihren Zweifeln überhaupt dran ist. Zweifel können vorschnelle Ideen und Entscheidungen korrigieren, sie können aber auch verkomplizieren, verunsichern und entmutigen.

Haben Sie sich einmal durchgerungen und das in Angriff Genommene scheitert dennoch, verzagen Sie nicht und sagen Sie keinesfalls: „Das hab ich doch gleich gewusst!" Das können Sie nämlich gar nicht oder sind Sie mit hellseherischen Fähigkeiten gesegnet? Wenn Sie hinterfragen, dann reflektieren Sie, warum etwas nicht funktioniert hat, anstatt darüber nachzudenken, dass etwas gehörig schief gegangen ist.

So gehen Sie mit der Angst vor dem Versagen um:

1. Zweifeln heißt nicht, alles sein zu lassen, sondern genauer hinzusehen! Was will Ihnen die Angst sagen?

2. Machen Sie sich bewusst, dass Sie nicht nur das Gelingen, sondern auch das Misslingen in der eigenen Hand haben. Übernehmen Sie bewusst Verantwortung!

3. Wenn Sie einmal scheitern, versuchen Sie es erneut. Nichts ist von vornherein zum Scheitern verurteilt. Und

wenn Sie auch beim zweiten Mal scheitern, dann überlegen Sie sich einen anderen Weg!

4. Wägen Sie ab, was an Ihrer Niederlage positiv ist. Was nehmen Sie mit, was lernen Sie daraus?

5. Erscheint Ihnen der Weg zum Ziel zu lang und holprig, setzen Sie Zwischenziele und versuchen Sie, das Ziel positiv zu sehen.

6. Hinterfragen Sie ruhig: Ist es überhaupt das richtige Ziel?

7. Was wollen Sie eigentlich erreichen? Was steckt hinter dem Ziel? Könnten Sie das anders bekommen oder ist dieser Weg der einzige? Wer kann Ihnen helfen sachlich vorwärts zu kommen und wer kann Ihnen helfen, gefühlstechnisch besser klar zu kommen?

8. Träumen Sie vom Erreichen und malen Sie sich aus, was Sie alles machen, wenn Sie Ihr Ziel erreicht haben. Pushen Sie sich!

Sie kennen das Motto vielleicht – wenn nicht, dann machen Sie es sich zu eigen: Wenn Ihnen das Leben Zitronen schenkt, machen Sie Limonade daraus! Anstatt mit dem Gegebenen zu hadern und anderen die Schuld daran zu geben, sollten Sie sich damit abfinden und Ihre Energie darauf verwenden, es erneut zu versuchen oder sich zunächst Zwischenzielen widmen.

Ich verrate Ihnen nun etwas, das Sie wahrscheinlich schon von Ihren Eltern und Großeltern zu hören bekommen haben.Im Grunde verdient es der Satz, fünf Euro ins Phrasenschwein zu zahlen, der Kern ist indes ein ganz wahrer: Sie selbst sind Ihres eigenen Glückes Schmied und nicht der Nachbar und auch nicht das Wetter oder die Sternenkonstellation.

Die Angst vor Konsequenzen

Ihre Angst kann Sie auch in ganz anderen Dingen hemmen und das ist nicht immer nur die Befürchtung zu scheitern. Manchmal sind es im Allgemeinen die möglichen Konsequenzen. So könnte Ihre Handlung Ihr Gegenüber verstimmen, Sie könnten als Folge von ihm oder von ihr missachtet oder nicht mehr gemocht werden. Sie können eine Abfuhr bekommen oder im Job eine Abmahnung erhalten. Um nur nicht mit der eigenen Meinung anzuecken und im schlimmsten Fall an etwas schuld zu sein, tun Sie alles, um es anderen recht zu machen und nicht einmal das, so meinen Sie, kriegen Sie wirklich hin.

Oder Sie malen sich im Geiste mögliche Szenarien aus, die meist schlimmer sind als gedacht, denn Hellsehen können Sie schließlich nicht. Oder Sie tragen einfach ein ungutes Gefühl in sich, weil Sie die möglichen Folgen Ihres Handelns nicht abschätzen können. Nun scheint es hier alles so klar, aber meist handeln Sie nicht, weil die möglichen Konsequenzen Sie unbewusst davon abhalten. Wie tiefgreifend die möglichen Konsequenzen sein können, dafür haben manche überhaupt kein Verständnis. Denn es liegt im Auge des Betrachters. Wenn Sie sich kein Auto leisten, obwohl Sie dies tun könnten und es immer wieder vor sich her schieben, obwohl Sie es unbedingt wollen, dann stecken in Ihnen unbekannte, besser unbewusste Muster.

So gehen Sie mit der Angst vor den Konsequenzen um:

1. Grundsätzlich gilt, wer nichts tut, macht nichts verkehrt.
2. Machen Sie sich die Konsequenzen Ihres Handelns bewusst und hinterfragen Sie diese auf Ihren Wirklichkeitsgehalt. Wie realistisch ist Ihre Angst bezüglich Größe, Art und Weise?
3. Überlegen Sie sich ganz konkret, wie Sie mit den Konsequenzen umgehen werden.
4. Suchen Sie sich Freunde und Partner, die Ihnen nicht nur Rat und Unterstützung geben, sondern auch moralischen Halt. Und die Ihnen notfalls auch mal Feuer machen.
5. Stehen Sie zu Ihrem Denken und Handeln! Wichtig ist, was Sie selbst von sich halten, was Sie sich

zutrauen und nicht, was andere über Sie denken.

Bestimmen Sie selbst, wie Ihre Mitmenschen Sie sehen.

Darum schieben Sie die Verantwortung für Ihr Handeln nicht von sich weg, sondern treten Sie selbst für Ihre Entscheidungen und Taten ein, sei es im positiven wie auch im negativen Sinn.

„Wenn du denkst, du denkst, dann denkst du nur, du denkst." Oft ist es eben so, dass wir uns bestimmte Dinge nur einreden bzw. in unserer Vorstellung alles so drehen, dass es so aussieht wie …

Das Erfüllen der Erwartung anderer

Sie haben aus verschiedenen Gründen nicht eigene, sondern die Ziele anderer vor Augen. Entweder sind Sie einfach ein Gutmensch und haben das Ziel eines anderen übernommen, um ihn zu entlasten oder Sie wollen selbst ein bisschen besser dastehen und dieses Ziel erscheint Ihnen als das geeignete Mittel. Oder Sie haben eigene Ziele, die Sie nur nicht vor anderen selbstbewusst vertreten können, weil Ihnen das Durchsetzungsvermögen fehlt. Sie stehen ganz klassisch unter dem Pantoffel, sei es bei Ihrer Frau/Ihrem Mann, Ihrem Kollegen oder Ihrem Chef.

In jedem Fall verfolgen Sie nicht Ihr eigenes Ziel, was in der Konsequenz zu Handlungskonflikten führt, da Sie unbewusst nach den Dingen streben, die Ihnen selbst viel mehr am Herzen liegen. Der Antrieb, den Sie dabei verspüren, wenn Sie das Ziel eines anderen verfolgen, ist nie so stark, als wenn er von Ihnen selbst käme. Ziele, die nicht Ihre eigenen sind, wecken nie dieselbe Motivation, wie wenn sie von Ihnen selbst kommen. Vielmehr hemmt Sie eine innere Instanz, das zu tun, was Sie sich als hehres Ziel in den Kopf gesetzt haben.

So lösen Sie das Problem, immer die Erwartung anderer zu erfüllen:

1. Setzen Sie sich Ihre eigenen Ziele.
2. Ein gepflegtes Nein zu Zielen anderer spart Zeit, Mühe und Energie, schließlich wollen Sie vorankommen.
3. Tun Sie nicht alles, um geliebt und gelobt zu werden. Der Mensch ist zwar ein Gemeinschaftswesen, aber lassen Sie sich nicht zur Marionette der Erwartungen anderer machen.
4. Erklären Sie dem anderen, dass Sie das jetzt nicht machen wollen und warum.
5. Bitten Sie den anderen um Hilfe.

6. Überlegen Sie genau, wessen Idee Sie verfolgen und wessen nicht – werden Sie sich bewusst, bei dem, was Sie tun.

Geheimtipp: Sich ein Vorbild zu suchen, dient als Orientierungshilfe, machen Sie es sich aber nicht zu Ihrem Ideal. Keiner ist perfekt und wenn Sie sich das vor Augen zu halten, hilft es, das eigene Handeln realistisch zu sehen und wertzuschätzen. Wenn Sie sich aber von anderen abgrenzen, dann fehlt Ihnen irgendwann der Bezug zur Umwelt.

Fehlende eigene Ziele

Der Pantoffel eines anderen hat zumindest den Vorteil, dass Sie ein Ziel haben, zwar nicht Ihr eigenes, aber es geht vorwärts. Noch schlimmer ist es, wenn Sie einfach nur plan- und ziellos umherirren und nicht wissen, was Sie mit sich anfangen sollen.

So setzen Sie sich eigene Ziele:

1. Überlegen Sie sich, worauf Sie Lust haben. Was sind Wünsche, was sind Träume, die Sie haben?

2. Überlegen Sie sich, was das Motivierende daran ist, das Ziel zu erreichen und setzen Sie sich dementsprechend Prioritäten.
3. Schaffen Sie sich kleine Kontrolleure und stellen Sie sich auch gern eine Belohnung als Anreiz in Aussicht.
4. Machen Sie sich klar, dass Sie es sind, der den Weg geht und dass Sie es für sich selbst tun.

Geheimtipp: Was sind die Dinge, die unbedingt erledigt werden müssen, wenn Sie wüssten, dass Sie in sechs Monaten sterben?

Umgeben von Aufschiebern

Gefühlt ziehen Sie Hindernisse und Widrigkeiten im Leben an und es fehlt Ihnen einfach die Kraft, diese zu überwinden. Wenn Sie sich in Ihrem Umfeld umsehen, dann ist die Misere groß, weil Sie nur noch größere Aufschieber sehen, statt der helfenden Hand, die Sie aus dem Sumpf des Aufschiebens zieht. Gleich und gleich gesellt sich gern, weil Ähnlichkeit eine bestimmte Anziehungskraft hat. Das sind meistens Menschen, die Aussagen treffen wie: „Jetzt entspann dich doch mal." oder „Genieß doch mal das Leben." oder „Stress dich nicht so, morgen ist doch auch noch ein Tag.".

So gehen Sie mit anderen Aufschiebern um:

1. Machen Sie sich bewusst, wessen Nähe Sie suchen und ob Sie diese wirklich wollen.
2. Überlegen Sie, wo Sie durchziehen und wo Sie die Dinge entspannt angehen.
3. Drehen Sie den Sog um und umgeben Sie sich bewusst mit Menschen, die ihre Termine und Aufgaben einhalten. Unter deren Augen werden auch Sie weniger aufschieben. Wenn Sie sich dann auch noch laut ein Ziel setzen, werden diese Menschen Sie anfeuern und unterstützen.

Geheimtipp: Trennen Sie sich von Menschen, die Ihnen im Weg stehen und die Sie bremsen.

Hirngespinste, der Katastrophenfilm in Ihrem Kopf

Sie wissen, dass Sie, bevor Sie handeln, meist unbewusst Szenarien durchspielen, die möglicherweise eintreten könnten. Die Annahme, die Sie aufgrund von Erfahrungen treffen, wird durch Ihre Glaubenssätze unbewusst beeinflusst. Diese wiederum sind im Laufe Ihres Lebens geprägt worden durch Familie, Freunde und dem Umfeld. Auch negative Erfahrungen, die Sie selbst oder die andere gemacht haben, können Sie in dem Maße beeinflussen, dass Sie eingeschränkt handeln, weil Sie die falsche Vorannahme treffen.

So werden Sie Ihre Hirngespinste los:

1. Prüfen Sie Ihre Vorannahme bewusst. Das Motto „Geht nicht, weil's noch nie ging" gibt es nicht! Was hat es Positives, jetzt anders zu handeln?
2. Brechen Sie alte Denkstrukturen auf. Wie können Sie mit dem möglichen Hirngespinst umgehen?
3. Schauen Sie über den Tellerrand hinaus und handeln Sie auch mal entgegen Ihrer vermeintlichen Vernunft.
4. Vertrauen Sie auch mal auf Ihr Bauchgefühl, es sagt Ihnen instinktiv das Richtige.

Geheimtipp: Setzen Sie à la „Wer wird Millionär?" auf den Telefonjoker: Wer könnte Ihnen behilflich sein und was würde ein anderer an Ihrer Stelle tun?

Wertekonflikte

Der klassische Wertekonflikt ist der, dass Sie zwar im Job vorankommen wollen, aber gleichzeitig auch ausreichend Zeit für die schönen Dinge des Lebens wie Urlaub, Hobbys oder Ihre Freunde haben möchten.

So lösen oder umgehen Sie Wertekonflikte:

1. Machen Sie sich klar, welche Werte Ihnen wichtig sind und welche weniger – leben Sie danach oder leben Sie entgegen? Stimmen Ihre Werte mit denen Ihres Partners oder Arbeitgebers überein? Korrelieren Ihre Werte mit Ihrer Lebensweise und Ihren Zielen, schieben Sie deswegen Dinge auf?
2. Sie können nicht allen Werten gerecht werden, also versuchen Sie es auch nicht.
3. Stellen Sie eine Wertehierarchie auf und kontrollieren Sie diese. Machen Sie sich zukünftige Situationen deutlich und malen Sie sich Ihre Zukunft wortwörtlich aus. Was davon gefällt Ihnen und was davon nicht? Passt das zu Ihren eigentlichen Werten?
4. Setzen Sie Prioritäten in Ihren Werten.
5. Nehmen Sie Ihre Werte in äußerstem Maße ernst.

Geheimtipp: Wägen Sie ab, auf welche Werte Sie bewusst verzichten, um sich auf andere zu konzentrieren.

Negative Einstellung

Ihre Einstellung zu den Dingen beeinflusst Sie in hohem Maße. Wer sich stets und ständig Gedanken macht, ist weniger motiviert und handelt auch nur zaghaft. Eine negative Einstellung zieht eine negative Haltung nach sich und anstatt zu sagen, das schaffe ich, werden Sie sich nur immer wieder sagen hören, dass sie es nicht schaffen werden.

So polen Sie Ihre negative Einstellung um:

1. Machen Sie sich Unbewusstes bewusst und sehen Sie es sportlich:
   Sieger spielen im Wettkampf positive optimistische Gedanken durch, Verlierer sehen das eigene Scheitern vor sich. Manchmal ist es aber hinderlich, ÜBERHAUPT etwas zu denken, sagt die Sportpsychologie.
2. Wenn Sie sich der Dinge bewusst sind, müssen diese in unbewusste Kompetenzen übergehen – Sie erinnern sich an den Flow, mit dem Sie zu ungeahnten Leistungen in der Lage sind?

3. Trainieren Sie positives Denken. Spielen Sie den Film positiv ab und überlegen Sie sich dabei, was Sie alles noch tun müssen, um Ihr Ziel zu erreichen.
4. Wer zuversichtlich durch's Leben geht, ist einfach gelassener.
5. Entrümpeln Sie Ihre negative Einstellung!

Geheimtipp: Überlegen Sie sich ständig, was das Positive am Negativen ist.

Falsche Prioritäten

Das Belohnungssystem trickst uns immer wieder aus: Sie sind heute voller Elan aufgestanden und wollen auf Arbeit richtig durchstarten. Am Arbeitsplatz angekommen überlegen Sie, womit Sie anfangen und machen sich vorsichtshalber erst einmal einen Kaffee, damit Sie fit und munter bleiben und schließlich fährt Ihr Computer noch hoch. Warum sollten Sie Ihren Tag nicht mit den angenehmen Dingen des Lebens beginnen? Dann starten Sie wie immer mit dem Lesen Ihrer Mails und wollen diese alle gleich noch beantworten, bevor es losgehen kann. Daher priorisieren Sie Ihre wichtigen Vorhaben wie strategische Planung oder ein wichtiges Telefonat nach hinten, denn die Mails sind schneller und einfacher beantwortet, als sich den großen, langwierigen und vielleicht unangenehmeren Dingen zu widmen. Während Sie fast alle Mails beantwortet haben, trudeln schon wieder die ersten Antworten darauf ein und ehe Sie sich versehen, ist Mittagspause, Nachmittag und schließlich Feierabend. Geschafft haben Sie eigentlich nichts, außer ein paar Mails zu schreiben, auf deren Antworten Sie morgen wieder reagieren müssen. So sind Sie zwar geschafft, haben aber nichts wirklich geschafft. Schon bei dem Gedanken daran dürften Sie sich gestresst fühlen.

Der Kreislauf setzt sich fort, Sie folgen tagein tagaus den falschen Abläufen: Erst erledigen Sie die angenehmeren, schnell zu bewältigenden Dinge, um kurzfristige Erfolge einzuheimsen und seien sie auch noch so klein, bevor Sie mit dem Unangenehmen überhaupt anfangen. Für die wirklich großen Vorhaben bleibt dann meistens keine Zeit mehr, sodass diese ein auf's andere Mal verschoben werden.

So setzen Sie Ihre Prioritäten richtig:

1. Kontrollieren Sie sich selbst und nutzen Sie gegebenenfalls einen Kontrolleur. Wenn Sie am Abend Ihren Tag rückblickend kontrollieren, machen Sie sich Erfolgserlebnisse nochmals bewusst. Geben Sie sich ein Feedback: Was war gut, was können Sie anders machen

und was muss noch erledigt werden – machen Sie sich den Kopf frei für Neues.

2. Planen Sie Ihre Aufgaben grundsätzlich und ausnahmslos am Abend vorher. Wer seinen Tag vorher plant, schläft viel entspannter ein, weil er auf Nummer sicher geht.

3. Konzentrieren Sie sich immer auf eine Aktivität. Multitasking ist schön und gut, aber Schritt für Schritt laufen Sie besser – und machen Sie dabei kleine Schritte. Lieber nur einen Schritt nach vorn als drei auf einmal und dafür anschließend fünf zurück.

4. Identifizieren Sie Störfaktoren und schließen Sie sie aus. Die Pushfunktion Ihres Mailprogramms zählt z.B. dazu, schalten Sie diese aus, um sich zu konzentrieren und nicht abgelenkt zu werden. Machen Sie notfalls dasselbe mit Ihrem Handy.

5. Trennen Sie konsequent das Notwendige vom Wesentlichen! Was ist wichtig und was ist dringend? Machen Sie Unterschiede und setzen Sie bewusst Prioritäten. Beweisen Sie dann Disziplin im Einhalten Ihrer eigenen Regeln und Pläne.

6. Fangen Sie sofort an, nicht erst noch einen Kaffee hier und ein kurzes Telefonat da!

Geheimtipp: Fangen Sie morgens grundsätzlich mit dem an, worauf Sie am wenigsten Lust haben!

Gewohnheitstier und Meister der Inkonsequenz

Sie schaffen es einfach nicht, zu Beginn des Tages die Dinge in Angriff zu nehmen, die Sie sich vorgenommen haben, sondern starten viel mehr wie immer in den Tag: erst die kleinen Dinge – aber zuerst noch den allmorgendlichen Kaffee und die Zeitungsschau, die schnell zu erledigen sind. Damit schieben Sie das Unangenehme schön bis zum Feierabend hinaus, sodass dafür keine Zeit bleibt. Mit Ihren Gewohnheiten haben Sie es sich also in Ihrer Komfortzone richtig bequem gemacht. Alte Gewohnheiten werden konditioniert und sind daher umso schwerer aufzubrechen. Sie sind die häufigste Ursache der Aufschieberitis.

Das tun Sie gegen schlechte Angewohnheiten und Inkonsequenz:

1. Beginnen Sie mit einer Routinearbeit, aber begrenzen Sie sie zeitlich. Dann haben Sie die ersten Erfolge des Tages schon sicher und das Gefühl, etwas getan zu haben, stellt

sich ein. Einmal im Arbeitsfluss gehen Ihnen die Dinge leichter von der Hand.

2. Denken Sie an Ihre To-Do-Liste, die Sie idealerweise einen Tag zuvor gemacht haben und setzen Sie Haken an Erledigtes, um es aus dem Kopf streichen zu können.

3. Setzen Sie die unangenehmen Aufgaben gleich an den Anfang, so lassen Sie sie schnell hinter sich, anstatt sie aufzuschieben. Vor allem schalten Sie so Ihr schlechtes Gewissen aus, in der Sache immer noch nicht aktiv geworden zu sein.

4. Belohnen Sie sich **anschließend** regelmäßig mit etwas, das Sie gern mögen: einem Kaffee, Musik, was auch immer. Wichtig ist, erst die Pflicht, dann das Vergnügen. Andersherum verfallen Sie in alte Muster.

Geheimtipp: Was hat es Positives, an alten Gewohnheiten festzuhalten? Es geht nicht um die Gewohnheit, sondern um das, was die Gewohnheit Ihnen gibt. Und genau das müssen Sie sich irgendwie erhalten, wenn Sie neue Wege gehen. So sind Sie gewohnt, die Sicherheit zu haben, zu wissen, was kommt. Gie Gewohnheit ist nur das Argument gegen das Ungewisse in der Zukunft. Weil Sie nicht wissen was kommt, bleiben Sie da, wo Sie sind.

Fehlende Motivation

Ihnen fehlt die Überzeugung, etwas zu tun, weil Ihnen das Ziel nicht attraktiv genug erscheint. Soll heißen, Sie haben schon lange ein Ziel im Kopf, mit dem Sie aktuell keinen wirklichen Zweck oder echten Mehrwert verbinden. Daher lassen Sie sich davon abhalten, weil Sie das Ziel nicht „anmacht", weil es eigentlich gar nicht Ihr Ziel ist oder weil Sie sich noch nicht darüber im Klaren sind, was Sie mit dem erreichten Ziel anfangen.

Sie hatten beispielsweise schon immer den Plan, noch eine Fremdsprache zu lernen. Nun ist dies sehr aufwendig und Sie fragen sich, wofür Sie Ihre neu erworbenen Fremdsprachen-kenntnisse überhaupt brauchen: Sie fahren nicht ins Ausland, im Job kommunizieren Sie ausschließlich auf Deutsch und auch eine Liebe aus Übersee, die die angestrebte Sprache spricht, ist nicht in Sicht. Hier sollten Sie sich fragen, ob die Sprache Ihr eigentliches Ziel ist bzw. was Sie tatsächlich bezwecken wollen und ob das Erlernen der Sprache nur Mittel zum Zweck ist. Wichtig ist, dass Ihre Motive ein konkretes Ziel haben, damit Sie Ihre Motivation auf ein Ziel ausrichten können. Die praktische Erfahrung zeigt, dass Sie, wenn Sie ein gewisses Interesse an einer Sache haben, motivierter sind, das Ziel zu erreichen. Hinzukommt, dass Ihnen dieser Zustand eine positive Befindlichkeit verschafft und Ihr Belohnungssystem Ihre Motivation zusätzlich verstärkt. Und einmal angeregt, drängt Sie Ihr Belohnungssystem, eine Sache, bei der Sie Lust oder Spaß empfinden, voranzutreiben und zu wiederholen. In diesem Fall können Sie sich in eine Sache derart hineinsteigern, dass Sie zu außerordentlichen Leistungen fähig sind und dafür auch übermäßige Anstrengung in Kauf nehmen ohne dabei das Gefühl zu haben, überbeansprucht zu sein oder Schwierigkeiten bei der Fokussierung zu haben. Mit der richtigen Motivation bewältigen Sie auch große Herausforderungen.

Somit sorgen Sie für die richtige Motivation:

1. Setzen Sie sich ein klares Ziel, Schritt für Schritt. Exakt formulierte Ziele führen zu Motivation.
2. Sichern Sie ab, dass Sie stets eine Rückmeldung erhalten.
3. Richten Sie Ihre Aufmerksamkeit voll und ganz auf eine Tätigkeit aus und blenden Sie zugleich störende Gedanken und Sorgen aus. Wenn Sie bereits wissen, was Sie stören könnte, dann überlegen Sie, wie Sie mit diesen Dingen umgehen und wie Sie sie ggf. ausschalten.
4. Nutzen Sie Ihre Energiehochs. Wann sind Sie am produktivsten: früh, nachmittags, abends? In welcher Umgebung können Sie sich am besten konzentrieren?

Geheimtipp: In der heutigen Zeit ist es immer mehr Menschen möglich, ihre Arbeitszeit freier einzuteilen als früher. Das ist für manchen Festangestellten nicht immer oder generell nicht besonders leicht, aber möglich.

Überlegen Sie sich, wann sie unter der Woche von Montag bis Freitag frei machen und Dinge tun, auf die sie richtig Lust haben – Sport, sich mit Freunden auch mal zum Mittagessen in der Woche zu treffen oder einen langersehnten Ausflug machen. Viele Tätigkeiten lassen sich stattdessen auch am Wochenende erledigen. Stressen Sie sich weniger von der klassischen und vielleicht nicht mehr so modernen „Montag-bis-Freitag-Woche" und nutzen Sie ihre „7-Tage-Woche" mehr nach ihren Bedürfnissen und motivierenden Hochs. Stellen Sie sich vor, sie liegen an einem sonnigen Mittwoch am See und arbeiten dafür am verregneten Samstag ihre Mails ab.

Motivationskonflikte

Wollen Sie zu viel von dem, was Sie können? Überprüfen Sie zunächst Ihre Ziele auf Ihre mögliche Erreichbarkeit hin. Motivieren, aber richtig! Es gibt zudem starke und schwache Motivationssysteme. Bei verinnerlichten Zielen ist Ihre Leidensfähigkeit höher und auch Ihre Motivation sowie

Bereitschaft, etwas in Angriff zu nehmen, auch wenn es über einen längeren Zeitraum ist.

So lösen Sie Motivationskonflikte:

1. Schaffen Sie sich attraktive Ziele und machen Sie sie zur Herzensangelegenheit.
2. Für langfristige Ziele ist es wichtig, Zwischenziele zu definieren.
3. Schließen Sie eine Sache ab, bevor Sie mit einer neuen beginnen, das hilft dabei, sich auf wirklich nur eins zu konzentrieren.

Geheimtipp: Welche Möglichkeiten haben Sie, wenn Sie das Ziel erreicht haben? Was wollen Sie eigentlich mit dem Ziel erreichen? Was gibt Ihnen das Erreichen des Zieles? Daran zu denken, motiviert mehr als gedacht. Denken Sie an Ihre Steuererklärung: Die Lust darauf hält sich in Grenzen, aber die Aussicht auf 3000 Euro ist enorm motivierend und besonders dann, wenn Sie sich überlegen, was Sie damit wiederum für langgehegte Ziele erreichen könnten: den Urlaub, das Abbezahlen der Restschuld auf das Haus, die zweite Hochzeit, …

Fehlende Kompetenz

Nicht auf die eigenen Fähigkeiten zu setzen, ist der größte Fehler, den Sie machen können. Selbst Toyota behauptete: „Nichts ist unmöglich, Toooyooota!". Für den deutschen Autoliebhaber scheint das durchaus merkwürdig, aber der japanische Autobauer hat seine Bekanntheit damit innerhalb kürzester Zeit um knapp 200 Prozent gesteigert. Auch Aufgaben, die nicht erreichbar scheinen, schaffen Sie.

So fühlen Sie sich kompetent:

1. Verschaffen Sie sich einen genauen Überblick, was Sie alles benötigen, um eine Aufgabe zu bewältigen. Welche Informationen, Voraussetzungen und Fähigkeiten sind vonnöten?
2. Planen Sie in Teilschritten, denken Sie in Etappen. Nach den ersten Etappenzielen wird auch die Aufgabe leichter.
3. Identifizieren Sie Helfer: Wer hat die benötigten Informationen und Voraussetzungen schon?
4. Schaffen Sie sich Ressourcen, in dem Sie sich fragen, wie auch Sie schnell und einfach an die notwendigen Voraussetzungen gelangen.

Fehlendes Vertrauen

Jemand anderes denkt, Sie können eh nicht erreichen, was Sie sich vorgenommen haben und anstatt es in Angriff zu nehmen, beginnen Sie, auch daran zu zweifeln, ob Sie dazu in der Lage sind. Vielleicht hat Ihr Gegenüber recht und Sie können es gar nicht schaffen, also lassen Sie es am besten gleich sein. Ich sage Ihnen jedoch: Solange die Meinung eines anderen Ihr eigenes Leistungsvermögen beeinflusst, sind Sie nicht in Besitz Ihrer vollen Tatkraft.

So erlangen Sie Vertrauen in sich:

1. Lösen Sie sich von überzogenen Erwartungen, sowohl von denen, die Sie an sich selbst stellen als auch von denen, die andere an Sie stellen.

2. Woran messen Sie Ihr Wissen, dass Sie gut sind? Was sagt Ihr persönlicher Vertrauer?

3. Akzeptieren und respektieren Sie sich, wie Sie sind. Das zerstreut ihre Selbstzweifel und die Frage, ob Sie überhaupt gut genug sind. Denn was hält Sie davon ab, an sich zu glauben? Was ist gut daran, dass Sie an sich glauben?

4. Delegieren Sie Aufgaben und vertrauen Sie darauf, dass andere dieselben Fähigkeiten wie Sie besitzen, die Dinge zu lösen. An wen könnten Sie Aufgaben abgeben? Wer kann Ihnen Feedback geben?

Fehlende Erfolge

Sie denken, nichts zu schaffen, weil Sie nur zurück schauen anstatt nach vorn. Machen Sie dem ein Ende und kommen auch Sie zum Erfolg:

1. Machen Sie Ihren Erfolg messbar, um das Erreichen eines Ziels überprüfen zu können.
2. Zwischenziele rücken den Erfolg in greifbare Nähe.
3. Protokolle des Fortkommens sind nützlich, d.h. schauen Sie in Ihren Terminkalender, ob Sie erreicht haben, was Sie sich vorgenommen haben. Beschaffen Sie sich Kontrolleure und Menschen, die Sie unterstützen, die Sie motivieren und Ihnen Mut zusprechen. Überlegen Sie sich, was Sie alles schon für Erfolge auf anderen Wegen hatten und was Sie sich daraus mitnehmen.

Zerdenken

Sicherlich kennen Sie das zur Genüge, Sie machen sich schon vorher verrückt und interpretieren in alles und jeden etwas hinein. Das ist Ihnen nicht bewusst? Dann fragen Sie mal Ihren Partner, Ihre Eltern oder Kollegen. Die würden Ihnen wahrscheinlich sagen, dass Sie nur zu gern aus einer Mücke einen Elefanten machen. Haben Sie sich in etwas hineingesteigert, bekommt man Sie auch nur ganz schwer wieder runter.

Jede Handlung oder jeder Satz Ihres Gegenübers steht unter Generalverdacht. Und dann suchen Sie Rat und Tat bei anderen, die Ihnen weiterhelfen sollen, weil Sie nach all dem Zerdenken nicht mehr wissen, wo hinten und wo vorn ist: „Wie soll ich mich verhalten? Was soll ich antworten?" Viele reden bzw. fragen mehr, um nicht die eigenen Gefühle zuzulassen und spüren zu müssen. Unsicherheit mag dabei ein wichtiger Grund sein, vielleicht haben Sie auch schon einmal eine negative Erfahrung gemacht, sodass Sie nun vieles auf die Goldwaage legen.

So stoppen Sie die Denkmaschine:

1. Setzen Sie sich ein konkretes Zeitfenster, in dem Sie über Ihr Problem nachdenken.

2. Personen von außen können zu Verbündeten werden, indem Sie Ihnen helfen, das Zeitfenster nicht zu sprengen, indem sie STOPP sagen, wenn Ihr Grübeln nicht mehr konstruktiv ist.

3. Werden Sie sich selbst klar, was konstruktives Nachdenken und was Grübelei ist.

4. Um gar nicht erst ins Grübeln zu verfallen, hilft die schnelle Erledigung der Dinge, die Ihnen sonst den ganzen Tag im Kopf rumschwirren. Also Prioritäten setzen und schnell Wichtiges abarbeiten. Bei Grübelaufgaben hilft Ihnen am besten Ihr „Verbündeter", sei es der beste Freund, der Kollege oder Partner.

5. Fangen Sie morgens immer mit den eher unangenehmen Aufgaben an.

6. Was hat es Positives zu grübeln?

7. Was hält Sie ab vom Umsetzen? Irgendetwas fehlt Ihnen ja doch immer.

8. Was müsste gegeben sein, damit Sie loslegen?

Fehlende Sinnhaftigkeit

Haben Sie sich schon einmal sagen hören: „Das macht doch alles keinen Sinn!"? Sehen Sie den Sinn einer Sache nicht, dann stellt sich logischerweise die Frage: Warum sollte ich diese Sache angehen, wenn es ja eh nichts bringt? So können Sie sich die Frage in Ihrer Beziehung stellen, aber auch im Job. Das kann an zunehmendem Kontrollverlust liegen oder mangelnden Handlungs-, Entscheidungs- und Zeitspielräumen.

So geben Sie den Dingen einen Sinn:

1. Setzen Sie sich bewusst mit sich selbst auseinander.
2. Haben Sie die Zeit dafür nicht? Dann schaffen Sie sich Freiräume! Prioritäten setzen, Aufgaben abgeben etc. Wenn Sie krank wären, würden Sie die Zeit auch haben, die Welt dreht sich schließlich weiter.
3. Erkennen Sie Ihre Stärken und Schwächen.
4. Achten Sie auf eine ausgewogene Balance zwischen Familie, Beruf und Freunden.
5. Nein! sagen

Alles nur halb, aber nichts richtig

Ihr Terminplan ist schon bis zum Rand gefüllt, aber Sie müssen trotzdem noch auf einer weiteren Hochzeit tanzen? Sie könnten ja etwas verpassen. Sie fangen immer wieder neue Dinge an, um das Gefühl zu haben, richtig produktiv zu sein, doch bevor Sie eine Sache zu Ende gebracht haben, sind Sie schon wieder mit einer Neuen beschäftigt. Vor allem, wenn Erfolge nicht sichtbar werden, macht sich das Gefühl breit, nichts geschafft zu haben.

So machen Sie Ihre Erfolge sichtbar:

1. Erstellen Sie sich To-Do-Listen nach Priorität und haken Sie diese NACH Erledigung ab.

2. Für große Ziele eignet sich ein Whiteboard mit Ihren persönlichen Zielen und den entsprechenden Zwischenzielen. Gehen Sie chronologisch vor und haken Sie einen Punkt nach dem anderen ab.

3. Machen Sie sich frei von dem Zwang, überall dabei sein zu müssen, überall mitzumischen und allen und jedem zu helfen.

4. Überlegen Sie, worauf Sie verzichten könnten und lernen Sie, „nein" zu sagen. Bewusster Verzicht schafft maximalen Genuss bei den anderen Dingen. Fragen Sie

sich, warum Sie von allem etwas haben wollen und wie Sie dieses Gefühl kompensieren, auch wenn sie auf Dinge verzichten. Disziplin beim Verzicht!

Stress

Zum Thema Stress könnte ich gut und gern ein ganzes Buch füllen. Stress ist grundsätzlich nichts Schlechtes, doch sobald das Stresslevel nicht mehr abfällt, sondern gleichbleibend hoch ist und die Phasen der Entspannung fehlen, dann ist das Maß erreicht, an dem es gefährlich für Sie und Ihre Gesundheit wird. Bei den meisten Aufschiebern entsteht Stress erst mit dem Aufschieben von Dingen, dabei geht es eigentlich nicht darum, die eigene Zeit besser zu verwalten, sondern die eigenen Aufgaben und Ziele besser zu handhaben. Wenn Sie keine Zeit für die wichtigen Dinge haben, dann haben Sie Ihre Aufgaben nicht richtig priorisiert.

So gehen Sie mit Stress um:

1. Denken Sie daran, für jeden hat der Tag nur 24 Stunden.
2. Daher erst Dringendes, dann Wichtiges. Wichtiges ist selten dringend und Dringendes selten wichtig.

3. Brechen Sie mit alten Gewohnheiten. Worauf würden Sie gern verzichten?

4. Vermeiden Sie Ablenkung von den wichtigen Dingen.

5. Erkennen Sie frühzeitig, wann Stress für Sie beginnt und schaffen Sie sich Kontrollpunkte.

6. Was motiviert und was entspannt Sie? Bauen Sie sich diese Dinge bewusst in Ihren Tag mit ein. Konzentrieren Sie sich und trennen Sie sich von Stressfaktoren.

Perfektionismus

Ich nehme es zu Ihrer Sicherheit gleich vorweg: Mit dem Anspruch absoluter Perfektion verschwenden Sie nur Zeit. Die Welt ist nicht nur schwarz und weiß. Wer immer etwas noch besser machen möchte, wird stets von der Angst verfolgt zu scheitern. Perfektionisten genießen weder den Erfolg, noch können sie loslassen, sondern müssen alles bis zur letzten Perfektion betreiben, mag die Angelegenheit noch so klein und nichtig sein. Dabei sehen sie nicht, dass Perfektion nicht zwangsläufig mit guter Arbeit und Qualität zu tun hat, sondern die überzogenen Erwartungen an sich selbst darstellt.

Als Perfektionist verschwenden Sie Zeit, weil Sie sich im Detail verlieren und alles bis ins kleinste überprüfen müssen. Dadurch verlieren Sie den Blick auf das große Ganze und Ihr eigentliches

Ziel. Bevor Sie etwas beginnen, sind Sie so sehr mit Abwägen und Zweifeln beschäftigt, dass Sie schon hier viel Ihrer wertvollen Zeit verlieren. Mit dem Überlegen und dem großen Aufwand, den Sie betreiben, stellen sich automatisch Versagensängste ein. Haben Sie dann etwas wirklich vollbracht, können Sie Ihren Erfolg nicht genießen.

Das tun Sie gegen Perfektionszwang:

1. Lösen Sie sich von dem Anspruch, dass etwas perfekt gemacht werden muss und hören Sie auf in Alles-oder-Nichts-Kategorien zu denken. Stellen Sie sich die Frage, was es Ihnen bringt, alles perfekt machen zu wollen. Wo ist der Unterscheid zwischen perfekter Arbeit und Perfektionismus? Woran machen Sie fest, dass ein Ziel wirklich erreicht ist? Lernen Sie abzuschließen und die Dinge kontrolliert laufen zu lassen. Perfektionismus hat etwas mit Sicherheit und Vertrauen zu tun. Lernen Sie, sich selbst und der Sache zu vertrauen.

Halten Sie sich an die 80-20-Regel, schaffen Sie 80 Prozent ihrer Arbeit in 20 Prozent der Zeit.

6 Meine Geheimtipps

– kleine Merksätze für ein besseres Leben

Praktische Erfahrung hilft, herauszufinden, ob die Dinge, die sich in der Theorie so einfach lesen und anhören, auch in der Praxis funktionieren. Zwar habe ich Ihnen versprochen, Sie mit banalen Tipps und Tricks zu verschonen, aber meine langjährige Praxiserfahrung hat gezeigt, dass Sie, wenn Sie die folgenden Tipps beherzigen, wesentlich dazu beitragen, dass Sie sich einfach besser fühlen–vielleicht auch ohne zu wissen, warum Sie sich im Grunde besser, weniger gestresst, gesünder, zufriedener und erfolgreicher fühlen.

Spüren Sie durch das Beherzigen der untenstehenden Tipps schon eine Verbesserung Ihrer persönlichen Situation, dann rate ich Ihnen, sich die Zeit zu nehmen und auch das gesamte Buch zu lesen, sollten Sie es nicht schon längst getan haben. Sehen Sie die Tipps als eine Zusammenfassung dessen, was Sie auf den ersten knapp 200 Seiten gelesen haben.

1. *Geben Sie anderen Menschen etwas!*

   Erst geben, dann nehmen, heißt es so schön. Sagt sich leicht, doch die meisten sind sich wohl eher selbst am nächsten, außer sie haben ein ausgeprägtes Helfersyndrom.

Geben kann gegenseitig von Nutzen sein, indem Sie den Nutzen aufzeigen, den Sie anderen Menschen bieten. Viele Menschen wollen aus einer Investition direkt Profit schlagen. Netzwerken hingegen dauert und hat etwas mit Menschen zu tun. Ich rate Ihnen: Tauschen Sie mit anderen Ihre Dinge, die Sie haben und kommen Sie dadurch Ihren Zielen näher, gerade wenn der andere etwas hat, was Sie brauchen.

2. NEIN ist ein zeitsparendes Wort

Gehören Sie zu den Menschen, die gern ihre eigenen Sachen liegen lassen, weil sie so hilfsbereit sind oder sein wollen, um ein gutes Gewissen zu haben? Leben Sie getreu dem Motto „Edel sei der Mensch, hilfreich und gut"? Oder brauchen Sie die Aufmerksamkeit und bieten deswegen stets und ständig Ihre Hilfe an? Zu viel geben und sich nichts nehmen, bringt nicht Sie, sondern nur andere weiter. Ein klares Nein hingegen wird nur die Menschen in Ihrem Umfeld vergraulen, denen Sie sowieso nicht am Herzen liegen. Sie werden sehen, andere werden Ihnen dafür sogar Anerkennung zeigen, wenn Sie endlich einmal Nein sagen. Nein sagen bezieht sich dabei auf alles, was zu viel ist, also nicht nur die Einflüsse von außen. Sagen Sie auch zu den eigenen Gedankenschleifen und dem Zerdenken Nein.

3. *Ich mach' mein Ding und übernehme die volle*
   Verantwortung!

Jeder ist seines Glückes Schmied – kennt jeder, weiß jeder, beherzigt nur nicht jeder, wenn es ums eigene Handeln geht. Schauen Sie weniger nach links und rechts! Sie können nur im Lotto gewinnen, wenn Sie sich einen Lottoschein kaufen und selbst die Zahlen darauf ankreuzen. Dafür kann Ihr Nachbar, Freund oder Kollege auch nichts tun. Hinter jeder Ihrer Handlungen steckt Ihre Handschrift. Und sollte es sich um Dinge handeln, die Ihnen richtig ans Gemüt gehen, bleiben Sie tapfer, mutig und stark. Machen Sie Ihr Ding, genießen Sie es in vollen Zügen. Als Anstoß hören Sie sich das Lied von Udo Lindenberg an – Inspiration pur.

4. *Reden ist Silber – Tun ist Gold!*

Es hilft das viele Reden nichts, wenn Sie davon nichts umsetzen. Absicht und Handlung sind zwei ganz verschiedene Paar Schuhe. So sind vom Reden erst wenige reich geworden, mit Taten haben es schon einige zum Erfolg gebracht. Beherzigen Sie also:

T   Tag und Nacht
U   Trägheit unermüdlich neutralisieren
N   Nicht unnötig trödeln

5. *Es gibt keinen Stillstand – die Welt wird sich immer weiterdrehen, auch wenn Sie sich am liebsten zurückdrehen möchten!*

Zunächst einmal können Sie Dinge nicht rückgängig oder ungeschehen machen. Passiert ist passiert, also machen Sie das Beste daraus! Selbst wenn Sie etwas richtig verbockt haben: Bleiben Sie nicht stehen, sondern gehen Sie weiter. Nichts ist schlimmer als der Stillstand und abzuwarten, was andere machen. Wichtig ist, was man selbst tut, denn nur so sind Sie handlungsfähig. Abwarten macht Sie abhängig von dem, was andere tun.

6. *Nur nett sein, ist auch keine Lösung!*

Im Berufsleben würde man sagen, Sie schaffen sich ein Profil, wenn Sie mal mit der Faust auf den Tisch hauen – davon ist noch kein Tisch kaputt gegangen. Und Profil heißt auch Ecken und Kanten! Man muss nicht immer nett sein, andere dürfen ruhig merken, dass sie mit Ihnen nicht tun und lassen können, was sie wollen. Denn was bringt es Ihnen, immer der Gute zu sein?

Sogar das Gesetz schreibt vor, dass Sie ein Recht auf freie Meinungsäußerung haben, also nutzen Sie es auch! Haben Sie keine Angst davor anzuecken oder dass Sie jemand nicht mehr mögen könnte. Nur weil die Mehrheit einer Meinung ist, heißt es noch lange nicht, dass sie richtig ist – das sollten Sie spätestens seit dem Publikumsjoker bei „Wer wird Millionär?" wissen. Also die eigene Meinung mit Entschiedenheit zu vertreten, das macht Sie nicht schlechter, sondern durchsetzungsfähiger und erfolgreicher.

7. *Machen Sie Schluss mit Nörgeln, Jammern, Beschweren, Rechtfertigen, Ausreden und Verteidigungen!*

Sind bei Ihnen immer alle anderen schuld? Dann würde ich sagen, selbst schuld! Am wenigsten weit kommen Sie, wenn Sie sich über alles beschweren, immer jammern und selbst nichts tun. Es ist nur halb so schlimm, selbst Fehler zu machen, als wenn andere sie tun und Sie dabei nur zusehen und sich dann beschweren. Würden Sie dieselbe Energie, die Sie auf Ausreden, Beschwerden und Jammertiraden verwenden, in Ihre eigenen Projekte stecken, dann wäre Sie schon um einiges weiter. Lassen Sie dies weg und umgeben Sie sich weniger mit Menschen, die dies tun. Sie werden überrascht sein, welche Energie damit freigesetzt wird.

8. *Vertrauen ist gut – Kontrolle ist besser!*

Schon rein lernpsychologisch gesehen, werden Sie Aufgaben, von denen Sie wissen, dass sie kontrolliert werden, mit größerer Sorgfalt erledigen, als wenn Sie sie anschließend selbst durchsehen. Sich selbst betrügt man zudem viel leichter, als wenn Ihnen ein Gegenüber auf die Finger schaut. Andere lassen sich nicht so leicht täuschen. Zudem können Sie auch viel besser Rückmeldung geben. Sie tauschen Erfahrungen aus und holen sich neue Anregungen. Wer allein im stillen Kämmerlein brütet, lebt in seinem eigenen Kosmos und verliert die eigene Objektivität. Ein Gegenüber kann Ihnen eine ganz andere

Wirklichkeit aufzeigen und Sie entscheiden, ob die eigene Wirklichkeit die einzige ist oder ob es weitere Möglichkeiten gibt, wenn Sie vor einer Entscheidung stehen.

9. *Seien Sie hartnäckig und kämpfen Sie!*

Der Wille ist das eine, Disziplin das andere und mit beidem zusammen schaffen Sie Ihre Ziele, denn sie sind der Treibstoff des Handelns. Wer konsequent an seinem Ziel dran bleibt, der wird es auch erreichen. Jedes Ziel ist eine kleine oder größere Challenge, die Sie erst einmal nehmen müssen. Also sportlich sehen und kämpfen, im Wettkampf um Ihr Ziel dürfen Sie ruhig Zähne zeigen.

10. *Gute Freunde – gute Zeitfresser?*

„Ein Freund, ein guter Freund, das ist das Beste, was es gibt auf der Welt …!". Sie erinnern sich? Gute Freunde sind in der Tat wichtig, aber achten Sie mal darauf, wer Sie antreibt und wer Sie bremst. Wer nimmt mehr als er gibt? Überlegen Sie sich, ob das wirklich gute Freunde sind oder nur solche, die Ihnen Energie und Nerven rauben. Werden Sie sich bewusst, wer Ihnen Energie raubt und wofür dieser Freund gut ist. Es gibt Gründe, warum

Sie sich diesen Freund „halten". Sollten Sie keine Gründe finden, dann sollten Sie diesen Energiefresser aus Ihrem Leben verbannen.

7 Fazit

Sicher ist Selbsterkenntnis manchmal schmerzhaft, aber nur, wer ehrlich zu sich selbst ist, schafft auch die Veränderung. Wenn Sie nicht wollen, dann haben Sie Ihre Gründe. Wenn Sie aber sagen, Sie könnten nicht, dann ist dies nur ein Vorwand. Meine Rezepte helfen in Ihrem individuellen Fall, was aber grundsätzlich über all dem steht, das sind die zehn Grundregeln. Wenn Sie mit ihnen anfangen, weil Sie für Ihre Probleme und Rezepte keine Zeit haben, dann nehmen Sie in jedem Fall die Leitsätze, die Sie zu 100 Prozent näher an Ihr Ziel bringen. Wenn Sie merken, dass die Leitsätze tatsächlich Wirkung zeigen, dann werden Sie auch die Zeit finden und sich alle Rezepte zu Gemüte führen.

Wünsche habe ich viele für Sie, aber ich habe vor allem ein Ziel, nämlich dass Sie Ihre persönlichen Ziele erreichen. Dafür wünsche ich Ihnen gutes Gelingen. Bleiben Sie hartnäckig! Mein Buch darf auch mehrmals gelesen werden, auch gern zwischen den Kapiteln oder nur die Rezepte. Wollen Sie Ihre eigenen Erfolgsrezepte mit mir teilen, dann besuchen Sie mich unter www.dievolkskrankheit.de oder www.danielhoch.com.

Ihr Daniel Hoch